Die geheime Geschichte von
JESUS CHRISTUS

INHALT

WAS BIS HEUTE
ÜBER JESUS CHRISTUS
VERSCHWIEGEN WIRD
(1)

Keine Figur ist interessanter, keiner wurde in der Geschichte mehr Aufmerksamkeit geschenkt: Jesus Christus. Niemand hat die Kultur und die Zivilisation unserer Welt so geformt und beeinflusst. Noch heute, rund 2000 Jahre später, hat er nichts von seiner Faszination verloren. Er zählt 2,3 Milliarden Menschen zu seinen Anhängern; so viele Christen gibt es auf der Welt.

Aber was lehrte er wirklich? Und vor allem: Wie sah sein Leben tatsächlich aus – abseits aller religiösen Legenden?

Wenn wir ehrlich sind, müssen wir zugeben, dass wir unglaublich wenig über die vielleicht wichtigste Person der Geschichte wissen.

Alle Christen, alle christlichen Sekten, alle christlichen Glaubensrichtungen berufen sich auf Jesus Christus, der auch Meister genannt wurde oder Sohn Gottes, Retter, Sohn Davids, zweiter Adam, *Kyrios* (griech. = Herr), Messias (= der Gesalbte), Menschensohn, Lamm Gottes, Alpha und Omega, Brot des Lebens, Ebenbild Gottes, Fürst des Lebens, Gesetzgeber, guter Hirte, Hohepriester,

Knecht Gottes, König, Lehrer, Licht, Mittler, Morgenstern und noch viel mehr.

Obwohl dieser Jesus Christus so große Bedeutung für unser Verständnis der Welt hat, ist der historische Jesus noch immer höchst umstritten. Denn es gab nicht einen echten Augenzeugen, der je über Jesus Christus berichtete! Selbst der heilige Paulus, der sich zum Augenzeugen erhob, hatte lediglich eine „Erscheinung" von ihm. Und die Evangelisten, die über ihn erzählen, waren, wie man heute weiß, keine Zeitgenossen Jesu – sie lebten sehr viel später.

Wir wissen, dass der Name „Jesus" auf den hebräischen männlichen Vornamen *Jeschua* zurückgeht. Die Vorsilbe *Je-* ist eine Kurzform des Gottesnamens *JHWH* (= Jahwe – die Vokale wurden nicht ausgeschrieben) und bedeutet so viel wie Gott. Das Verb *jasa* heißt „helfen" oder „retten". Jesus bedeutet also „Gott hilft" oder auch „Gott [möge] helfen".

Im Allgemeinen ist man übereingekommen, dass sich das Leben Jesu etwa folgendermaßen abgespielt hat:

1. Jungfräuliche Geburt
2. Taufe durch Johannes den Täufer
3. Predigten und Weisheitslehren
4. Wundertaten
5. Anklage wegen Aufruhrs/Das letzte Abendmahl
6. Kreuzigung und Tod
7. Wiederauferstehung von den Toten

Allerdings wurde später jede Einzelne dieser sieben Stationen infrage gestellt. Nicht einmal alle Christen stimmen damit überein, geschweige denn Nichtchristen.

Ein Teil der gelehrten Juden beispielsweise nannte Jesus einen falschen Propheten und klagte ihn der Zauberei an. Sie behaupteten, er habe nur fünf Jünger gehabt und sei am Schluss gehängt worden, nachdem sich kein Entlastungszeuge für die Aufruhranklage gefunden habe. Seine Geburt deuteten sie so: Maria, die „geile Hure", habe sich mit einem römischen Legionär eingelassen …, der Bericht von einer jungfräulichen Geburt sei nur eitles Geschwätz. Jesus selbst habe sich später mit Prostituierten vergnügt und sei damit in die Fußstapfen seiner missratenen Mutter getreten.

Andere Religionsgemeinschaften bezeichneten Jesus schlicht als einen Lügenpropheten.

Die Anhänger des Islam ließen Jesus zwar als guten Propheten gelten, sprachen ihm aber ab, Gott zu sein. Im Hinblick auf die Kreuzigung durch die Römer urteilten die Muslime: „Sie töteten ihn nicht und kreuzigten ihn nicht. Vielmehr erschien ihnen ein anderer ähnlich, sodass sie ihn mit Jesus verwechselten und töteten." (Sure 4, Vers 157)

Viele Hinduisten bestanden darauf, Jesus sei ursprünglich ein indischer Heiliger gewesen, ein Meister-Yogi, eine Inkarnation Krishnas – eines ihrer Götter. Jesus sei jedoch nicht die einzige Gestalt und Verkörperung des Göttlichen.

Friedrich Engels sah in Jesus einen Anführer einer frühen Armutsbewegung in der römischen Klassengesellschaft, der die Sklaverei und die Ungleichheit überwinden wollte.

Jeder Interpret legte demnach immer nur *seinen* Gesichtspunkt zugrunde, jeder Jesus-Deuter war theologisch, weltanschaulich oder philosophisch vorbelastet. Nur selten wurde im Hinblick auf Jesus Christus die Frage nach den unbestechlichen historischen Fakten gestellt: Was kann man über Jesus Christus mit völliger Gewissheit behaupten? Dieser neutrale historische Ansatz wird im vorliegenden Buch favorisiert. Das heißt, auf den folgenden Seiten werden Antworten zur wichtigsten Figur der Geschichte aus der Historie selbst gegeben – wobei wir uns allerdings auf mehr als eine Überraschung gefasst machen müssen. Unter anderem werden folgende Fragen beantwortet:

Was hat es mit der jungfräulichen Geburt wirklich auf sich? Hat sie stattgefunden oder nicht? Worin liegt der tiefere Sinn der jungfräulichen Geburt? Was sollte damit zum Ausdruck gebracht werden?

Was verbirgt sich hinter dem Bericht über Jesus' Taufe durch Johannes den Täufer? Wie urteilt der Geschichtswissenschaftler hierüber? Was wurde hier bislang verschwiegen und unter den Tisch gekehrt?

Was hatte es mit dem letzten Abendmahl auf sich?

Wie verhält es sich mit den vier Evangelien nach Markus, Matthäus, Lukas und Johannes? Wie „sicher" sind ihre Überlieferungen?

Bis heute wurden außerdem die sogenannten apokryphen (= geheimen) Evangelien weitgehend unter den Tisch gekehrt. Auch sie müssen wir untersuchen, wenn wir etwas über Jesus Christus in Erfahrung bringen wollen. Tatsächlich gab es zahlreiche apokryphe Evangelien, also „geheime" Nachrichten über Jesus Christus. Was verraten sie uns über das Leben Jesu?

Und vor nicht allzu langer Zeit erregten Schriftrollen am Toten Meer (Israel) weltweites Aufsehen (Qumran), später Funde in Nag Hammadi (Ägypten). Auf einmal gab es zahlreiche neue Berichte über Jesus Christus und seine Lehre, ganz zu schweigen vom explosiven Judas-Evangelium, das noch später entdeckt wurde und dessen Inhalt erst vor ein paar Jahren bekannt wurde.

Die Ergebnisse all dieser Evangelien werfen ein ganz neues Licht auf Jesus Christus. Es ergibt sich ein völlig anderes Jesus-Bild, das nur wenig mit dem Jesus zu tun hat, der uns in den Evangelien nach Markus, Matthäus, Lukas und Johannes präsentiert wurde.

12

Eine Revolution!

Nur, sind diese Berichte auch wahr? Warum wurden die Forschungsergebnisse der breiten Öffentlichkeit bis heute nicht zugänglich gemacht? Hinter den Kulissen wurden diese Texte für Millionen Dollar verkauft. Denn sie sind echter Sprengstoff, der theoretisch das komplette Gebäude der christlichen Großkirchen zum Einsturz bringen könnte. Welche hochbrisanten Informationen enthalten sie? Beantwortet wird schließlich auch die Frage, ob es *nach* Jesus weitere Messias-Gestalten gab. Nicht nur Propheten wie Mani (216–276/77 n. Chr.) behaupteten, der Erlöser zu sein, sondern auch Figuren wie Apolonius von Tyana oder Sabbatai Zwi, der 1648 n. Chr. von sich reden machte. Das warf abermals ein völlig neues Licht auf Jesus Christus. Es ist vielleicht nie in völliger Offenheit gesagt worden, aber es gab viele Erlöser-Gestalten. Was verraten sie uns über Jesus Christus?

Schließlich wird auf den folgenden Seiten auch dargelegt, über welche frühchristliche Geheimlehre der Mantel des Schweigens gelegt wurde. Was wurde im frühen Christentum hinter verschlossenen Türen tatsächlich gelehrt? Wir können uns auf einige Überraschungen gefasst machen!

Mit diesem Buch entsteht mit Sicherheit ein neues Christusbild. Hier finden sich unterdrückte Informationen, die selten oder nie öffentlich bekannt gemacht wurden – selbst maximal ein Prozent des Fachpublikums weiß um diese Fakten. Und es gibt nicht eben wenige Enthüllungen über die mysteriöse Christus-Figur.

Stürzen wir uns also übergangslos mitten in die spannende Materie und untersuchen zunächst die pikante Frage der jungfräulichen Geburt.

1.
DAS RÄTSEL DER JUNGFRÄULICHEN GEBURT

Kein Thema ist umstrittener, über nichts werden mehr zweifelhafte, schmutzige Witze gerissen und kaum ein Umstand ist unglaubwürdiger als der Bericht des Neuen Testaments über die jungfräuliche Geburt Jesu.

Die heilige Maria, voll der Gnaden, empfing angeblich Jesus Christus, ohne mit einem Mann vorher den Geschlechtsakt vollzogen zu haben. Ohne Sex, ohne den Samen eines Mannes entstand Jesus vorgeblich in ihrem Bauch und wuchs dort heran.

Wie kann man sich diese biologische Unmöglichkeit erklären?

Und vor allem: Was steckt hinter dieser Geschichte?

Tatsächlich ist die jungfräuliche Geburt recht leicht zu verstehen – sofern man die Geschichte kennt.

ROMULUS UND REMUS

Tauchen wir ein ins Gestern und konsultieren die römische Geschichte. Erinnern wir uns: Die Römer, einst das streitbarste und militärisch erfolgreichste Volk unserer Breiten, führen ihren Ursprung auf Romulus und Remus zurück. Sicher kennt fast jeder die spannende Legende: Romulus und Remus gründeten die Stadt Rom, die sich ursprünglich *Rhomos* schrieb, im Jahre 753 v. Chr.

Natürlich rankten sich um die Gründung des mächtigen Roms zahlreiche Legenden, es gab nicht nur eine Sage. Es gab hundert

„Erinnerungen" und tausend Dichtungen. Aber die Romulus-Remus-Geschichte erfreute sich größter Beliebtheit. Sie las sich im Allgemeinen folgendermaßen:

Der Held aller Helden, Aeneas, ein trojanischer Prinz und Kriegsmann, musste nach der Eroberung Trojas durch die Griechen fliehen. Auf der Flucht erlebte er zahlreiche Abenteuer, kam nach Italien und vermählte sich dort mit einer einheimischen Königstochter.

Acht Generationen später versuchte ein Eroberer, alle Nachkommen von Aeneas zu töten. Doch er hatte nicht mit den Göttern gerechnet, die ihre schützende Hand über Aeneas' Nachkommen hielten. Denn angeblich schwängerte der römische Kriegsgott Mars persönlich eine Ur-Ur-Urenkelin des Aeneas. Aber auf göttliche Weise! Sie empfing „die Lüft' im geöffneten Busen", wie ein Autor die Befruchtung der Jungfrau beschrieb.[1] Sie wurde mit Zwillingen schwanger – eben mit Romulus und Remus. Hier handelt es sich also um eine Art jungfräulicher Geburt oder zumindest um den Eingriff eines Gottes.

Der Eroberer, der nur wusste, dass es sich um Nachkommen des Aeneas handelte, und nicht ahnte, dass ein Gott seine Hand im Spiel hatte, befahl, Romulus und Remus zu ertränken. Doch die beiden Kinder wurden von ihrer Mutter in einem Weidenkörbchen auf dem Tiber ausgesetzt – einem Fluss, der noch heute durch Rom fließt. Der Tiber führte gerade Hochwasser. Als das Wasser zurückging, strandete das Weidenkörbchen mit den strampelnden, kreischenden, lebenden Neugeborenen im Schlamm. Von dem Geschrei der Kinder angelockt, entdeckte eine Wölfin die beiden, brachte sie in ihre Höhle und hielt ihnen in ihrem Mutterinstinkt ihre Zitzen hin. Sie säugte die Menschenkinder und sicherte so ihr unmittelbares Überleben. Ein Specht brachte zusätzlich Nahrung. Schließlich wurden Romulus und Remus von einem Hirten gefunden, der sie endgültig rettete, aufnahm und großzog, ohne zu wissen, wer sie waren. Später, als Erwachsene, gründeten die beiden angeblich die Stadt Rom. So weit die Legende.

Aber uns interessiert in diesem Zusammenhang nur die jungfräuliche Geburt oder genauer gesagt der göttliche Einfluss. Wiederholen wir: Ein Gott, Mars, besuchte die Ur-Ur-Urenkelin des Aeneas, des Kriegshelden von Troja. „Unversehens" wurde sie schwanger.

Um die Materie nicht unnötig zu komplizieren, verschweigen wir, dass es zahlreiche Varianten dieser Sage gab. Viel wichtiger als all diese Varianten ist: Wie hat man diese Legende zu verstehen?

DIE SCHLÜSSEL DES HISTORIKERS

Die Geschichte schien niemanden zu stören, schon gar nicht die alten Römer, die ihre Götter teilweise von den Griechen übernommen hatten. Die alten griechischen Sagen berichteten ständig, dass sich beispielsweise der Göttervater Zeus (bei den Römern Jupiter genannt) genüsslich mit zahlreichen Menschenfrauen vergnügte.

Was weiß der Historiker in Bezug auf diese Geschichte rund um Romulus und Remus?

Zunächst dies: Der Name „Rom" hängt sprachwissenschaftlich möglicherweise mit der Wurzel *rum* (= weibliche Brust) zusammen. Das ergäbe Sinn, da es auf die Zitzen der Wölfin hinwiese. Aber warum wurde gerade eine Wölfin in der Legende strapaziert? Nun, die Wölfin und auch der Specht waren heilige Tiere, die dem Kriegsgott Mars zugeordnet wurden. Demnach sorgte Gott Mars persönlich dafür, dass seine beiden Kinder überlebten.

Geschichten rund um die Aussetzung von Säuglingen sind dem Historiker zuhauf bekannt: Wir alle kennen sie beispielsweise von Moses, den man angeblich in einem Weidenkörbchen aussetzte, bevor er auf wunderbare Weise gerettet wurde. Solche Geschichten besaßen Tradition, sie existierten auf vielen Kontinenten. Schon lange vor der Moses-Erzählung gab es solche Erzählungen. In einem neuassyrischen Text hören wir etwa, dass eine Frau eine (später besonders wichtige, bedeutsame) Person gebar, sie in ein Schilfkörbchen legte und am Ufer eines Flusses aussetzte. In anderen Volkslegenden auf anderen Kontinenten wurden Heldenkinder ebenfalls häufig ausgesetzt – wahrscheinlich weil es schriftstellerisch etwas hermachte. Damit gewann man das Publikum, das für Mitleid schon immer besonders empfänglich war und bis heute ist.

Doch warum musste ausgerechnet der Kriegsgott Mars als Erzeuger von Romulus und Remus herhalten? Kein Volk war kriegerischer als das römische, das schließlich fast die ganze altbekannte Welt unterwarf. Also suchten die Römer ihre Wurzeln bei einem Kriegsgott. Es war geradezu ein politisches Glaubensbekenntnis, dass sie Mars zu ihrem Stammvater wählten oder, genauer gesagt, zu ihrem Lieblingsgott. Es stellte sich quasi die Frage, wer von den zahlreichen vorhandenen Göttern am besten zu den Römern passte. Natürlich kam nur einer infrage: der Gott des Krieges!

Dadurch dass man das eigene Volk auf einen Gott zurückführte, erhöhte man sich selbst. Das war eine Methode, das eigene Volk zu lobpreisen und vor anderen auszuzeichnen. Zahlreiche Könige in der Geschichte führten ihre Abstammung auf einen Gott zurück. Der Pharao in Ägypten beispielsweise war grundsätzlich der Sohn von Amun-Re, des höchsten Gottes im Nilland, ja, er war Amun-Re selbst. Die Römer vergöttlichten sich also, sie hoben sich auf ein gewaltiges Podest, indem sie die Legende verbreiteten, der Kriegsgott Mars sei ihr Urvater gewesen.

Neben dem Göttervater Jupiter war Mars zudem der stärkste Gott. Ihm war im alten Rom der erste Monat des Jahres geweiht. Die Römer bestanden außerdem darauf, dass Mars Junos Sohn war.[2] Juno? Sie wurde mit der griechischen Göttin Hera gleichgesetzt, Jupiters Gattin. Somit war sie die Königin aller Göttinnen. Schon wieder eine Beförderung! Zu welchem Zweck? Durch die Verbindung mit Mars und Juno – dem Kriegsgott und der Königin der Götter – stellten die Römer sozusagen eine Beziehung zum göttlichen Hochadel her. Sie erhöhten sich enorm. So waren sie selbst ein wenig gottgleich oder zumindest etwas Außerordentliches, etwas höchst Besonderes. Einer der stärksten Götter hatte bei der Geburt ihrer Nation Pate gestanden, er hatte sich persönlich engagiert. Er hatte eine ihrer Frauen geschwängert, auf welche Weise auch immer.

Und so verehrten die Römer Mars in besonderem Maße. Denn ihm verdankten sie ja ihre Besonderheit. Bei Festen des Mars zog die Priesterschaft in Kriegsbekleidung singend und tanzend durch die Stadt. Mars besaß im alten Rom Tempel, ihm zu Ehren wurden zahlreiche Prozessionen durchgeführt. Ferner waren Mars bestimmte Spiele geweiht. Ihm wurden auch Opfer dargebracht, vorzugsweise Pferde und Rinder. Einigen hochgestellten Römern erschien der Gott Mars angeblich persönlich, im Traum oder während des Tages. Es gab Mars-Erscheinungen, genau wie Jesus-Erscheinungen. Mars war schier allgegenwärtig im alten Rom. Er galt als der männlichste aller Götter. Der lateinische Name *Marcus* bedeutete „dem Mars geweiht".

Und so erkennen wir sehr rasch, wozu die jungfräuliche Geburt (oder genauer gesagt die Befruchtung einer Römerin durch den Gott Mars) diente: Man brachte sich mit einem Gott in Verbindung, dem stärksten oder zweitstärksten Gott der Welt. Man erhöhte sich selbst, verwies auf überirdische Kräfte, verschaffte sich Respekt und Reputation. Es war ein erstklassiger Public-Relations-Coup.

Beginnt sich das Dunkel langsam zu lichten, das sich rund um die jungfräuliche Geburt rankt?

18

Wir haben gerade erst angefangen, dieses Rätsel zu lösen. Es gibt noch viel mehr dazu.

Stöbern wir also weiter in der Geschichte, es wird immer interessanter! Und betrachten wir übergangslos einen der wichtigsten Religionsgründer der Geschichte. Wechseln wir den Ort und die Zeit.

ALSO SPRACH ZARATHUSTRA

Zarathustra (oder Zoroaster, Zartoscht, Zarathuschtra, wörtlich: „der Besitzer des goldfarbenen Kamels") lebte wahrscheinlich zwischen 700 und 600 v. Chr. – die Angaben schwanken und die Herren Wissenschaftler sind sich wie immer uneins. Er war ein Prophet und schenkte den Persern eine Religion, die ein ganz neues Denken einleitete und eine vorher unbekannte Theologie schuf – geradezu aus dem Nichts. Zarathustra soll der einzige Mensch gewesen sein, der bei seiner Geburt laut gelacht hat.

Aber für uns ist an dieser Stelle nur folgender Umstand von Bedeutung: Er sei göttlich empfangen worden, weiß die Überlieferung. Ein himmlischer Strahl sei in den Busen einer Jungfrau gedrungen. Wir können uns eines Schmunzelns nicht erwehren, wenn wir hören, dass immerhin auch ein Priester bei der Empfängnis mitgewirkt haben soll, freilich von einem Engel geleitet.[3]

Zarathustra wird als ein äußerst rechtschaffener Mensch mit unendlicher Liebe zur Weisheit beschrieben. Im Erwachsenenalter habe ihn der Teufel versucht, aber vergeblich. Trotz schwerer Prüfungen sei er dem höchsten Gott treu geblieben, genannt *Ahura Mazda,* dem Herrn des Lichts, dem „weisen Herrn". Dieser Gott sei ihm eines Tages erschienen und habe ihm das *Avesta* ausgehändigt,

19

das Buch des Wissens und der Weisheit, mit dem Gebot, dessen Inhalt den Menschen zu predigen.

In der Folge zog Zarathustra lehrend und predigend durch die Lande. Nur ein Gott, eben *Ahura Mazda,* sollte und durfte angebetet werden! Einfach alles, so Zarathustra, sei von ihm geschaffen worden: die Gestirne, die Sonne, der Mond, das Wasser, die Meere, die Erde, die Pflanzen, die Tiere und selbst der Mensch. Ferner lehrte er, dass Gut und Böse ständig miteinander kämpften. Der Mensch müsse sich deshalb entscheiden. Gute Gedanken, gute Worte und gute Taten seien wichtig, ferner Wahrheitsliebe und Frömmigkeit. Das Gute würde am Tag des Jüngsten Gerichts siegen. Sofern das Gute im Menschen überwiege, dürfe er an diesem Tag über eine Brücke ins Paradies schreiten. Außerdem finden wir in Zarathustras Lehre die Abstammung aller Menschen von einem Urelternpaar, die Sintflut, die der Herr des Lichts über die Menschen kommen ließ, weil er unzufrieden mit ihnen war, den Kampf mit dem Teufel (später vielen Teufeln), die Prophezeiung des Weltuntergangs und die Existenz einer Hölle und eines Fegefeuers. Die Hölle wird als schrecklicher Ort beschrieben, in dem die verurteilten Seelen bis ans Ende aller Zeiten braten müssen.

Anfänglich war Zarathustra nicht besonders erfolgreich. Doch als ein hoher Fürst seine Worte vernahm, half er ihm, den neuen Glauben zu verbreiten. Dieser trat daraufhin einen unvergleichlichen Siegeszug an. Zarathustra selbst starb in hohem Alter. Ein Blitzstrahl traf ihn, wissen seine Jünger, und er fuhr schnurstracks in den Himmel auf.

Bringen wir Zarathustras Theologie auf den Punkt und wiederholen wir. Folgendes lehrte er – lange vor Christus:
- eine Art Jungfrauen-Geburt;
- die Existenz eines einzigen, übermächtigen Gottes;

- die Erschaffung der Welt, ja alles Existierenden einschließlich des Menschen, durch diesen übermächtigen Gott;
- der ewige Kampf zwischen Gut und Böse, zwischen Gott und dem Teufel;
- die Versuchung (des Propheten) durch den Teufel;
- das Jüngste Gericht;
- die Existenz von Himmel und Hölle;
- die Existenz des Fegefeuers;
- die Himmelfahrt des Propheten;
- die Sintflut aufgrund der Sünden der Menschen.[4]

Man müsste mit Blindheit geschlagen sein, wenn man nicht die Übereinstimmungen und Parallelen mit der Bibel sähe. Sie überfallen uns förmlich und stechen unmittelbar ins Auge, so überdeutlich sind sie.

In der zarathustrischen Religion gab und gibt es außerdem den Priester, der einen Gesang anstimmt, einen Altar mit Feuer und genaue, präzise Riten.

Aber uns soll im Moment nur die Jungfrauen-Geburt interessieren. Halten wir an dieser Stelle noch einmal fest, dass in Zarathustras Fall „der himmlische Strahl in den Busen einer Jungfrau" drang. Auch hier spielte also ein Gott eine Rolle. Der Hintergedanke ist klar: Man wollte Zarathustra mit dieser Geschichte erhöhen, man wollte ihn deutlich abgrenzen von den „normalen" Menschen. Ein Gott selbst war mit von der Partie!

Aber da die Geschichte vielleicht auf Unglauben gestoßen wäre, brachten spätere Autoren noch einen Priester ins Spiel, der bei der Empfängnis mitgewirkt haben soll, „freilich von einem Engel geleitet". Mit anderen Worten: Um von vornherein Kritik abzuwehren, zollte man den biologischen Notwendigkeiten Tribut. Man kann sich optisch allerdings kaum vorstellen, wie ein Engel einen Priester dazu anhielt, eine Jungfrau zu verführen. Überredete der Engel den Priester? Hielt er ihm auf andere Weise die Stange? Halten wir an dieser Stelle nur so viel fest: Auch hier war offenbar Gott höchstpersönlich beteiligt.

Eine ähnliche Aussage müssen wir auch bei der nächsten Person treffen, die so geheimnisumwittert ist, dass sie uns einer genaueren Betrachtung wert sein soll.

DAS GEHEIMNIS DES PYTHAGORAS

Bis heute umgibt Pythagoras (570–510 v. Chr.), den vielleicht größten aller griechischen Philosophen, ein Mysterium, das nie wirklich entschlüsselt wurde. Pythagoras … dieser Name klingt noch immer wie eine Zauberformel, er ist noch immer mit rätselhafter Magie verwoben und eingehüllt in okkulte, esoterische Wolken. Schier paranormale Phänomene umwabern diesen Namen, wie ein nicht fassbarer Nebel, den man nicht beiseiteschieben kann, so sehr man sich auch bemüht. Der Nebel, die Wolken, beide wollen bis heute nicht weichen, vielleicht weil man sich nie die Mühe gemacht hat, das Geheimnis des Pythagoras in seinen tiefsten Tiefen auszuloten.

Machen wir einen bescheidenen Anfang.

WAS WICHTIG IST UND WAS NICHT

Wir alle kennen den berühmten „Satz des Pythagoras", nach dem bei einem rechtwinkligen Dreieck …

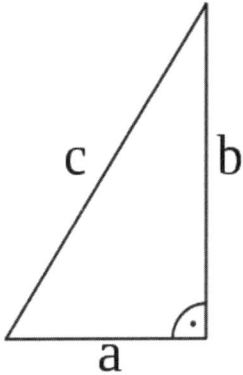

Rechtwinkliges Dreieck

... die Summe der Flächeninhalte der Quadrate von a und b gleich dem Flächeninhalt des Quadrates von c ist.

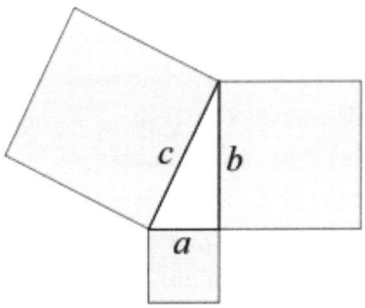

$a^2 + b^2 = c^2$

... heißt also die Gleichung.

Jeder von uns kennt sie, jeder wurde womöglich damit in der Schule gequält oder staunte darüber, aber der springende Punkt ist, dass dieser „Satz des Pythagoras" im Vergleich zu den anderen Leistungen dieses griechischen Philosophen völlig unwichtig ist. Mit anderen Worten: Wir wurden in der Vergangenheit ein wenig irregeführt, was die wirklich bedeutsamen Lehren und Leistungen des Pythagoras betrifft. Uns wurde Sand in die Augen gestreut. Unter den Tisch fielen deutlich wichtigere Ergebnisse und Erkenntnisse dieses Philosophen, die bis heute ein stiefmütterliches Dasein in der Literatur führen.

Dabei könnte allein schon der Name aufhorchen lassen. Denn Pythagoras bedeutet so viel wie „Wortführer des Pythischen". Das Pythische weist auf das Orakel von Delphi – einer extrem bedeutsamen politischen Einrichtung im alten Griechenland. Delphi war in der Antike eine Stadt im mittleren/südlichen Griechenland, von der man annahm, dass sie der Mittelpunkt der Welt sei. Hier befand sich das berühmte und das wichtigste Orakel Griechenlands. Hier beantworteten Priester Fragen, die von entscheidender Bedeutung für eine angesehene Person oder gar die Zukunft des ganzen Landes waren. Über Krieg und Frieden oder über die Gründung von griechischen Kolonien wurde einst in Delphi entschieden.

Der Python war der Überlieferung nach eine Schlange oder ein Drache mit hellseherischen Fähigkeiten, der das Orakel von Delphi bewachte, bis er vom Gott Apollon getötet wurde – dem Gott des Lichts, der Mäßigung, der Künste und der Weissagung. Das vergossene Blut des Python und seine hellseherischen Fähigkeiten übertrugen sich der Sage nach auf den Ort Delphi, oder genauer gesagt auf einige Priesterinnen, und von nun an galt Apollon als Delphis Schutzpatron. Eine Apollon-Priesterin wurde nach der Pythonschlange oder dem Pythondrachen *Pythia* genannt und konnte angeblich ebenfalls weissagen. Pythia war also der Titel einer Priesterin, die im Tempel von Delphi den Ratsuchenden die Zukunft vorhersagte. Ihre Weissagungen wurden in der Folge von

Priestern interpretiert, die zu den bestinformierten Männern ihrer Zeit gehörten – tatsächlich unterhielten sie ein ganzes Netzwerk von Zuträgern, ja Spionen, schier überall. Sie erteilten in der Regel höchst klugen Rat, und nur wenn wir die besserwisserische Arroganz des modernen Zeitgenossen ablegen, können wir erahnen, wie weise die Antworten und Ratschläge in Delphi gewöhnlich waren. Eine Pythia-Priesterin verkörperte also kurz gesagt Weisheit und Wissen.

Im Namen Pythagoras – dem „Wortführer des Pythischen" – schwangen all diese Bedeutungen gewissermaßen mit, zumindest unterschwellig. Pythagoras ließ sich später sogar in den apollinischen Geheimkult einweihen, was ihm eine enorme Reputation bescherte. Viele seiner Anhänger hielten ihn persönlich für Gott Apollon. Welcher spirituelle Führer wäre je der Vergöttlichung durch seine Jünger entgangen? Einige behaupteten sogar, sie hätten die Schenkel des Pythagoras bisweilen golden aufblitzen sehen – ein untrügliches Zeichen für einen Gott.

Während ihn einige Schwarmgeister wie einen Überirdischen verehrten, wussten die etwas intelligenteren Zeitgenossen, dass Pythagoras nur ein einzigartig scharfsinniger Weiser war. Doch nur wenigen war bekannt, dass Pythagoras mit dem Begriff *sophia* (griech. = Weisheit) höchst zurückhaltend umging: Wenn es um ihn ging, wollte er nicht von Weisheit sprechen und nicht von einem Weisen, sondern allenfalls von einem Philosophen, was wörtlich „Freund der Weisheit" (griech.: *philos* = Freund) bedeutet und deutlich bescheidener ist, als sich einen Weisen zu nennen. Ein „Freund der Weisheit" kann sich der Weisheit allenfalls annähern, er sucht sie, er verkörpert sie jedoch nicht. Das heißt, Pythagoras kannte seine eigenen Begrenzungen, er war nicht anmaßend. Mit dem Begriff „Philosoph" versuchte er der überschwänglichen Verehrung seiner Person einen Riegel vorzuschieben – genau wie ehemals Buddha, der sich ebenfalls gegen alle möglichen Märchen und Legenden zur Wehr setzte, die über ihn erdichtet wurden.

Damit ist Pythagoras der Begründer der Philosophie. Weder Sokrates noch Platon gebührt diese Ehre. Tatsächlich wurden im antiken Griechenland die Begriffe „Pythagoreer" und „Philosoph" eine Weile gleichbedeutend nebeneinander gebraucht.[5] Pythagoras erfand also das Wort und tat damit einen bedeutenden Schritt in Richtung Wissen und Wissenschaft. Damit läutete er sozusagen ein neues Zeitalter ein.

Pythagoras strebte danach, Wissen zu erlangen, er war wie kein Zweiter auf der Suche, ja fast auf der Jagd, nach echtem Wissen. Und damit befinden wir uns bereits auf der Spur, die zu Pythagoras' Geheimnis führt. Wir haben die Fährte aufgenommen und müssen sie jetzt nur noch weiterverfolgen.

DIE VERRÄTERISCHE BIOGRAFIE

Um wirklich in Erfahrung zu bringen, was eine Person auszeichnet, ist nichts erhellender, als ihre Biografie zu durchleuchten. Sie liefert uns alle notwendigen Ansatzpunkte, um den Geist und das Wesen einer Person zu erfassen. Pythagoras wurde auf Samos geboren – einer griechischen Insel vor der kleinasiatischen Küste, der heutigen Türkei. Der Vater Mnesarchos war entweder ein Kaufmann oder ein Steinschneider, hier widersprechen sich die Quellen. Vielleicht war sein Vater aber auch ein Gott, in diesem Punkt widersprechen sich die Quellen noch mehr: Die Mutter, Pythais oder Parthenis mit Namen, sei möglicherweise von Apollon geschwängert worden, berichtete jedenfalls ein eifriger „Biograf" im Nachhinein. Pythagoras sei also von einer Jungfrau geboren worden! Seiner Mutter wurde eine „unbefleckte Empfängnis" angedichtet. [6]

Und wie verlief sein weiterer Lebensweg? Stellen wir diese Frage erst einmal zurück. Halten wir vorläufig inne und führen diese ungewöhnliche Biografie an späterer Stelle fort. Jetzt nur schon einmal so viel: Das Geheimnis des Pythagoras hat etwas mit den frühen Geheimlehren des Christentums zu tun.

An dieser Stelle soll uns nur die göttliche Befruchtung interessieren. Fest steht: Auch Pythagoras entging der Verehrung seiner Schüler nicht. Er selbst behauptete jedoch nie, von einem Gott abzustammen oder gar ein Gott zu sein. Doch nach seinem Tod bildeten sich sofort zahlreiche Legenden. Aus welchem Grund? Um Pythagoras unendlich zu erhöhen.

Dafür nutzten seine Verehrer einen alten literarischen Trick und ließen bei seiner Zeugung einen Gott mitwirken. Sie wollten Pythagoras über jedes menschliche Maß hinaus erheben, ihn unter allen Umständen von einem Alltagsmenschen unterscheiden. Und so machten sie aus einem Sterblichen einen Unsterblichen.

Doch verlassen wir diesen interessanten Mann und betrachten im Schnelldurchgang noch zwei weitere Personen, denen ein ähnliches Schicksal widerfuhr, bevor wir zu unserem ersten vorläufigen, sehr aufschlussreichen Fazit gelangen.

BUDDHA UND DER BUDDHISMUS

Während Konfuzius in China, die jüdischen Propheten Jeremia und Jesaja im alten Israel, die vorsokratischen Philosophen in Griechenland und Zarathustra in Persien Weisheit predigten, wandelte auf Indiens religionsdurchtränktem Boden Buddha Siddharta Gautama Shakyamuni (ca. 563–483 v. Chr.). *Buddha* bedeutet „der

Erwachte" oder „der Erleuchtete", *Siddharta* heißt wörtlich übersetzt „der sein Ziel erreicht hat", *Gautama* (oder *Gotama*) ist eine Art Familienname – ein Gautama ist ein Mann aus der Gautamasippe – und ein *Shakyamuni* ist ein „Weiser aus dem Volk der Shakya", eines am Fuße des Himalayagebirges heimischen Stammes. Buddha, der Erleuchtete, war vielleicht der größte Weisheitslehrer der Menschheitsgeschichte, jedenfalls wenn man den Völkern Asiens Glauben schenkt.

Sein Leben ist schnell erzählt: Er entstammte einem Adels- oder Königsgeschlecht des nordindischen Volkes der Shakya, war ein Prinz und wohl zum Nachfolger und Herrscher vorgesehen. Aber als er der Legende nach eines Tages der Realität des Lebens ins Auge blickte und bei anderen Menschen mit Entsetzen Krankheit, Alter, Schmerz und Tod sah, entschloss er sich, seinem bisherigen Wohlleben den Rücken zu kehren und einen Weg aus dem Leiden zu suchen. Er verließ den Palast seiner Eltern und suchte Erkenntnis durch Yoga, Askese und Meditation – was ihn allerdings nach eigenem Bekunden nicht weiterbrachte. Doch als er der Überlieferung nach mit 35 Jahren unter einer Pappelfeige saß, fiel die Unwissenheit von ihm ab. Er „erwachte" und wurde zum *Buddha*, zum Erleuchteten. Er schaute seine früheren Leben und erkannte die Wahrheit. In der Folge lehrte er 45 Jahre lang eine neue Religion. Er lehrte, dass Tugend und Weisheit zum Erwachen führen, und wandte sich vehement gegen die verschiedenen Kasten, die Indien bereits damals schon zu spalten drohten. Er sprach vor Königen, Brahmanen und Fürsten ebenso wie vor Parias, Bettlern und Räubern und lehnte es ab, Menschen aufgrund ihrer Kastenzugehörigkeit auszuschließen. Es heißt, er sei nach dem Verzehr einer verdorbenen Pilzsuppe gestorben, achtzigjährig.

Nun, nichts ist so verräterisch wie die Erzählungen, Märchen, Allegorien, Berichte und wilden Geschichten, die Priester und

Mönche in der Folge rund um Buddhas Leben erzählten. Einige professionelle Märchenerzähler bemühten sich, alle früheren Leben Buddhas vorzustellen, selbstverständlich eingekleidet in buddhistische Weisheiten und Lehren. Jahrhundertelange redaktionelle Tätigkeiten schufen die verschiedensten heiligen Bücher, die je nach Richtung den Status kanonischer (das heißt „anerkannter") religiöser buddhistischer Literatur erhielten oder eben nicht. Natürlich wurde sein Leben komplett verklärt. Angeblich sei Buddhas Geburt eine Art Jungfrauengeburt gewesen, erklärten die Priester. Seine Geburt sei vollständig „rein" gewesen, er „trat aus seiner Mutter wie ein Prediger, der vom Lehrstuhl hinabsteigt". Schließlich sei bei seiner Geburt ein helles Licht am Himmel erschienen, und Götter hätten sich aus den Wolken geneigt. Könige seien aus der Ferne angereist, um ihn zu begrüßen – genau wie die Heiligen Drei Könige im Falle Jesus Christus. Taube hätten plötzlich hören und Stumme sprechen können. Angeblich hätten ihn in seiner Jugend 40000 Tänzerinnen ergötzt – was uns für einen Stamm aus dem Himalaya doch etwas hoch gegriffen erscheint. Schließlich habe ihn ein Fürst des Bösen versucht, nicht anders als Jesus im Neuen Testament der Teufel. Wir könnten sicher 300 Seiten lang auf diese Art und Weise fortfahren, aber mit all diesen Legenden und religiösen Märchen würden wir doch nur belegen, dass sich die Priester des Phänomens Buddha bemächtigten und alles in ihn hineingeheimnisten, was ihnen gut und wichtig dünkte, um das Volk zu beeindrucken.

Doch wie sieht die Wahrheit aus?
Im Prinzip war Buddhas Lehre einfach. Er empfahl
1. nicht zu morden und zu töten,
2. nie zu nehmen, was einem nicht gegeben worden war, sprich nicht zu stehlen,
3. die Wahrheit zu sagen und zur Wahrheit zu stehen,

4. keine berauschenden Getränke zu trinken und
5. nicht unkeusch zu sein.

Ferner predigte Buddha Liebe und riet vom Hass ab, er riet zu Weisheit und verachtete Kult und Ritual. Die Wahrheit schien ihm in jedem einzelnen Individuum verborgen zu liegen; er verkündete jedenfalls ein völlig subjektives Verständnis von Wahrheit und versuchte, das Einzelwesen groß zu machen, nicht klein.

Nach den Quellen zu urteilen, die uns heute noch zur Verfügung stehen und zugegebenermaßen dürftig sind, war Buddha offenbar sehr humorvoll und nicht einer dieser „ernsthaften" Philosophen, die an ihrer eigenen Wichtigkeit geradezu ersticken. Er lachte die Brahmanen aus und gab oft zu, die Antwort auf Fragen nicht zu wissen. Er verabscheute das Kastenwesen und prangerte die Opfer an, die das Volk den Brahmanen oder ihren Göttern darbrachten.

Sich selbst bezeichnete er nie als Gott oder als Erleuchteten, er hätte sich den Bauch gehalten vor Lachen. Buddha schmunzelte über die Vorstellung, Gebete zu jemandem zu schicken, den man nicht kennt. Er bot keinen Himmel an, keine Hölle und kein Fegefeuer. Später wurden ihm in reicher Zahl Wundertaten angedichtet, nicht anders als Mohammed oder anderen Religionsgründern.

Und was geschah mit seiner Lehre nach seinem Tod?

Die indischen Priester, die Brahmanen, bemächtigten sich seiner Lehre. Sie betonten eifrig, dass er bei seiner Geburt völlig rein gewesen sei: „Er trat aus seiner Mutter wie ein Prediger, der vom Lehrstuhl hinabsteigt."[7] Warum? Sie haben den Grund sicher längst erraten: Auch in diesem Fall sollte eine Person grenzenlos erhöht werden und „über-menschlich" erscheinen.

Das Gleiche gilt auch für den nun folgenden größten chinesischen Weisen.

MEISTER KONFUZIUS

Selbst das gelehrte Publikum hat gewöhnlich keine Vorstellung von dem unglaublichen Einfluss dieses chinesischen Weisen, der von 551 bis 479 v. Chr. lebte. Er bestimmte die Sitten und Gewohnheiten eines Milliardenvolkes über zweieinhalb Jahrtausende hinweg und ist der erste bekannte Denker der Geschichte, der sich umfänglich über ein vernünftiges Regierungssystem ausließ und intensiv über Krieg und Frieden nachdachte. Außerdem formulierte er die denkbar höchsten Weisheiten und verhalf der Integrität auf den Königsthron. Er „überlebte" sogar das kommunistische System, denn erst kürzlich wurden die ehemals verbotenen Schriften dieses großen Lehrers in China wieder offiziell erlaubt. Weisheit lässt sich offenbar nicht verbieten, schon gar nicht mit Panzern.

Aber das gelehrte Publikum legt sich auch selten Rechenschaft darüber ab, dass China einst das zivilisierteste Land der Erde war. Die Seide, der Kompass und der Schriftdruck wurden in China erfunden! Der Schriftdruck – der in unseren Breiten durch Gutenberg entwickelt wurde, ein Quantensprung der Zivilisation – existierte schon lange vorher in China: Im Jahre 1041 stellte ein gewisser Pi Sheng bereits bewegliche Lettern her. Auch Papiergeld, das in Europa Kapital und Wirtschaft revolutionierte und eine gewaltige Expansion einleitete, tauchte bei den Chinesen schon im Jahre 950 auf.

Aber konzentrieren wir uns auf den chinesischen Weisen. Konfuzius blieb nicht nur in China zweieinhalb Jahrtausende lebendig, seine Lehren drangen bis nach Japan, Korea und Singapur. Heute ist sein Name aus der gelehrten Welt nicht mehr wegzudenken. Als sich Europa und Amerika dem chinesischen Denken öffneten, verneigte man sich auch hier vor so viel Weisheit, die in ihren Gipfelpunkten ohnehin keiner Nationalität angehört.

Die Geburt des Konfuzius (auch K'ung-fu-tzu oder K'ung Ch'iu genannt, was wörtlich „Meister" bedeutet) wurde der chinesischen Überlieferung nach von übernatürlichen Wesen angekündigt. Auch Jesu Geburt wurde angeblich von Engeln angekündigt – eine interessante Parallele. Man dichtete Konfuzius überdies eine edle Herkunft an. In China, wo der Kaiser *alles* galt, stammte Konfuzius selbstverständlich aus dem Geschlecht des bedeutendsten Kaisers, den das Riesenreich je gesehen hatte. Und bei seiner Geburt waren nicht Ochse und Esel anwesend, sondern hielten Drachen Wache, um das Kind vor Unheil zu beschützen. Der Drache hat in China Tradition, er ist ein heiliges, mächtiges Tier.

Es ist höchst bemerkenswert, dass auch im fernen China dem Religionsgründer im Nachhinein eine göttliche Abstammung angedichtet wurde, genauer gesagt eine kaiserliche Abstammung. Aber das kommt aufs Gleiche hinaus, denn die chinesischen Kaiser stammten – natürlich! – von Göttern ab. Wenden wir uns der Legende im Originalton zu:

„Drachen hielten Wache, und die Luft war mit Wohlgerüchen geisterhafter Wesen erfüllt, als sie [= die Mutter des Konfuzius] in einer Höhle von ihm [= Konfuzius] entbunden wurde. Sein Rücken glich dem eines Drachen, seine Lippen denen eines Ochsen, und sein Mund war ähnlich wie das Meer. Er war ein Abkömmling des ältesten heute bestehenden Geschlechts, denn sein Stammbaum ging in direkter Linie bis auf den großen Kaiser Hang-ti zurück …"[8]

Halten wir an dieser Stelle inne.

Natürlich handelte es sich hierbei um keine jungfräuliche Geburt. Und die Legende kennt auch keine direkte Befruchtung durch einen Gott. Aber diese „Überlieferung" verrät uns alles, was wir wissen müssen: Außerordentlich einflussreichen Menschen wurde im Nachhinein überall auf der Welt eine möglichst edle Abstammung angedichtet. In Wahrheit stammte Konfuzius aus einer Familie, in der die Armut zu Hause war. Aber da man Konfuzius verklären musste, damit seine Schüler Achtung vor ihm hatten, erhöhte man den chinesischen Weisen später und log über seine Herkunft.

Das aber führt uns zu einem hochinteressanten Fazit.

DIE NOTWENDIGE SCHLUSSFOLGERUNG

Lassen wir noch einmal die verschiedenen Personen vor unserem geistigen Auge Revue passieren: Romulus und Remus, Zarathustra, Pythagoras und Buddha … sie alle wurden angeblich gezeugt, weil ein Gott eingriff. Und der Kanon ließe sich noch erheblich erweitern.

Im alten Griechenland nahm man häufiger an, dass bedeutende Männer von Göttern gezeugt wurden. Manchmal blieb die Jungfräulichkeit der Mutter dabei angeblich erhalten, manchmal aber zerriss auch das Jungfernhäutchen. Selbst über Platon, den großen griechischen Philosophen, kolportierte man eine entsprechende Legende. Auch bei seiner Zeugung soll ein Gott seine Hand im Spiel gehabt haben. Und nicht nur die Hand. Manchmal sprach man vom Samen eines Gottes, den eine schlafende Jungfrau als „Goldregen" empfangen habe. Es gab alle möglichen Metaphern und Bilder. Auch Alexander der Große blieb von solch einer Vergöttlichung nicht verschont. Er sei von Zeus durch einen Blitzstrahl gezeugt worden, in der Hochzeitsnacht seiner Mutter, wusste die Legende.

Und so könnte man sich weiter durch das Dickicht der Geschichte schlagen und sich eine Weile gut amüsieren. Die Beispiele sind so zahlreich, dass im Hinblick auf Jesus' jungfräuliche Geburt nur ein Schluss möglich ist: Die jungfräuliche Geburt wurde von anderen Religionen, Religionsstiftern und aus den verschiedensten Legenden über große Männer übernommen.

Versuchen wir, uns einmal in die Zeit zurückzuversetzen, sagen wir 150 Jahre nach Christus' Geburt, in die Stadt Rom, als sich das Christentum gerade zu formen begann.

Was finden wir hier vor? Nun, einen Wildwuchs an Religionen, Weltanschauungen, Glaubensbekenntnissen und Legenden. Die Luft schwirrte von unterschiedlichen Überlieferungen und Gottesvorstellungen, überall begegnete man Propheten und Priestern. Christen wetteiferten mit Römern, wer den „stärkeren" Gott besaß. An allen Ecken und Enden fand sich in der römischen Welt auch griechisches Gedankengut. Denn die Römer hatten zahlreiche „Überlieferungen" der Griechen übernommen. Sie beschäftigten Griechen gern als Lehrer, gebildete Römer sprachen selbst Griechisch. Auch Pythagoras und Platon, so lehrten die Griechen die Römer, waren „übermenschlich" und durch den Samen oder die Einwirkung eines Gottes entstanden.

Es gab sogar persische Einflüsse. Rom unterhielt ja ein weitgespanntes Beziehungsnetz. Die römischen *strata,* die Straßen, waren berühmt, die Handelswege reichten weit – bis in den Vorderen Orient. Von Zarathustra oder persischen und indischen Heiligen hatte man ebenfalls schon gehört. Die Handelswege waren damals weitaus besser, als wir es uns heute vorstellen. Über zahllose Karawanenstraßen, Handelswege und Pfade wurden nicht nur Waren transportiert, sondern auch Götter, Glaubensvorstellungen und Geschichten. Und so hielten auch die Ideen aus Persien und Indien in Rom Einzug, und sei es nur durch die Vermittlung der Griechen, den persischen Nachbarn.

34

Die Idee der jungfräulichen Geburt war weitverbreitet – lange vor Christus. Die Vorstellung, dass sich Götter zum Menschengeschlecht herabgelassen und es befruchtet hätten, kam aus allen Weltgegenden nach Rom, dem Zentrum der Zivilisation. Die Besamung einer Jungfrau durch einen Gott, vielleicht mithilfe eines Lichtstrahls oder Blitzes, war beinahe geistiges Allgemeingut in dieser wilden Zeit.

Und so stießen die frühen Christen in das gleiche Horn. Sie konnten ihren Gott Jesus Christus, ihrer Ansicht nach den größten und mächtigsten Gott, unmöglich hinter anderen Göttern zurückstehen lassen. Also übernahmen sie den Glauben an einen göttlichen Eingriff. Er wurde gestohlen, entwendet, ein wenig hin- und hergewendet und auf die jüdisch-christlichen Verhältnisse zugeschnitten.

Eine Idee wurde adaptiert. Gott hatte zweifellos die Geburt von Jesus Christus herbeigeführt ... Himmel, das war das Mindeste, was man den Gläubigen bieten musste. Und so fand die Idee der jungfräulichen Geburt auch in das Christentum Eingang. Es ging darum, Konkurrenzgötter und Konkurrenzpropheten auszustechen oder zumindest mit ihnen gleichzuziehen. Man musste auf zahlreiche Wunder und Besonderheiten verweisen können, sonst hätte man keinen Hund hinter dem Ofen hervorgelockt. Das Ziel bestand darin, den eigenen religiösen Führer enorm hervorzuheben. Es ging darum, die Gläubigen namenlos zu beeindrucken.

Und so erkennen wir, wie wir die jungfräuliche Geburt zu verstehen haben. Die Idee wurde schlichtweg übernommen, ja sogar noch getoppt: Denn Maria, die Mutter Jesu, blieb angeblich noch nach der Geburt Jungfrau – was gleich zweimal unmöglich war.

Es galt, den eigenen Glauben herauszustreichen. Die Befruchtung durch einen Gott (oder zumindest die göttergleiche Herkunft) gehörte zum üblichen Lügengespinst dieser Zeit. Das Christentum und Christus sollten auf ein so hohes Podest gestellt werden, dass jeder sprachlos wäre vor Staunen. Gott, der Christengott, konnte offenbar jede biologische Gesetzlichkeit außer Kraft setzen. Der Christengott erschien aus dem Nichts, *ex nihilo,* wie der Römer sagte, und befruchtete Maria, die Reine, die Unbefleckte ... diese Lehre erblickte das Licht der Welt.

Noch einmal: Das Eingreifen Gottes bei der Geburt bedeutender Männer war ein beliebter Allgemeinplatz, fast ein Klischee.

All die intellektuellen Verrenkungen späterer christlicher Theologen waren lediglich ein schaler Versuch, von den hier dargestellten historischen Tatsachen abzulenken. Doch die lassen sich nicht vom Tisch wischen. Die göttliche Befruchtung einer Jungfrau durch einen Gott war quasi eine der Standardlügen in anderen Religionen. Sie wurde sogar im politischen Raum eingesetzt, wie gesagt etwa bei Romulus und Remus oder bei Alexander dem Großen, aber vor ein paar Tausend Jahren überschnitten sich der politische und der religiöse Bereich auch und waren nicht so streng voneinander getrennt wie heute.

So haben wir das Rätsel um die jungfräuliche Geburt gelöst, lediglich mit ein wenig historischem Hintergrundwissen. So einfach kann Religion sein, wenn man nur ein paar geschichtliche Fakten kennt. Plötzlich wird alles verständlich.

Das gilt auch für das nächste scheinbar unlösbare Rätsel, das uns das Neue Testament aufgibt.

2.
DIE VERSCHWIEGENE WAHRHEIT:
JOHANNES DER TÄUFER
UND DIE SCHÖNE SALOME

Wir alle wissen aus der Bibel, dass vor rund 2000 Jahren angeblich Folgendes geschah: Johannes der Täufer, ein Bußprediger und Prophet, taufte Jesus Christus in einem Fluss; später wurde Johannes der Täufer enthauptet, weil es die schöne Salome wünschte …

Ein Leser, der nachdenken kann, wird diese Story nicht so ohne Weiteres schlucken. Warum? Nun, bleiben wir bei der Taufe und dem Prophetentum des Johannes: Wenn Johannes selbst ein Prophet war, der bereits den „richtigen" Weg wies, dann schrumpft die Jesus-Figur automatisch ein wenig zusammen. Jesus wird in diesem Fall herabgestuft zu einem von vielen Propheten, speziell wenn man sich klarmacht, dass Johannes auch über die Endzeit redete und vor Sünden warnte. Außerdem taufte Johannes ja Jesus – es verhielt sich nicht etwa umgekehrt. Johannes scheint Jesus also überlegen gewesen zu sein.

Doch wer war dieser Johannes wirklich?

Vielfach wird behauptet, Johannes der Täufer sei Jesus' Lehrer gewesen. Wie bitte? Der Lehrer eines Gottes? Der kritische Geist wird erneut sofort nachhaken: Wie hat man das zu verstehen?

Johannes der Täufer ist gerade aus diesem Grund brandgefährlich für das Christentum. Hier dreht sich schließlich alles um die Jesus-Figur, die das Alpha und Omega ist, das A & O, der Anfang und das Ende. Wenn es einen anderen Propheten gab, der *über* Jesus stand, dann bleibt die Logik einfach auf der Strecke. Noch einmal: Johannes der Täufer taufte Jesus, wodurch Jesus *unter* Johannes dem Täufer zu stehen kommt. Doch stand Johannes nun über oder unter Jesus? Man ist gelinde gesagt ein wenig verwirrt.

Wie können wir den Knoten zerschlagen?

Halten wir zunächst fest, dass wir uns auf höchst schlüpfrigem, theologischem Glatteis bewegen. Denn was ist eigentlich eine Taufe?

Nun, die Taufe war ursprünglich ein Reinigungsritus. Schuld und Sünde wurden durch die Taufe abgewaschen. *Baptizein* (griech. = taufen) bedeutet ein- oder untertauchen. Der Täufling wurde im Wasser ein- oder untergetaucht, damit seine Sünden abgewaschen werden konnten. Ursprünglich ging es darum, die Reinheit zurückzugewinnen, es ging um Entsündigung. Die Taufe gab es bereits lange vor dem Christentum, sie ist nur abgekupfert, der Ritus ist mindestens 3000 Jahre alt. Aber wichtiger ist: Jesus ließ sich laut dem Neuen Testament von Johannes dem Täufer „entsündigen".

Doch das ist in theologischer Hinsicht nicht gerade leicht zu rechtfertigen und einzuordnen. Gestehen die Bibelschreiber damit nicht ein, dass Jesus „sündig" war? Und geben sie damit nicht erneut zu, dass Jesus Christus in der Hierarchie eigentlich *unter* Johannes dem Täufer rangiert?

Wir werden gleich sehen, wie sich christliche Theologen, die spitzfindigsten Priestergehirne auf Gottes Erdboden, aus diesem Dilemma herauswanden.

Was Johannes den Täufer angeht, können wir jedenfalls mit wenigstens drei Überraschungen aufwarten, mit drei Lügen, die so groß sind wie der Eiffelturm. Aber erzählen wir zunächst in aller Kürze die vollständige Biografie des Täufers. Berichten wir sein Leben so, wie wir es uns zusammenreimen können, wenn wir verschiedene historische Quellen betrachten.

DIE ÜBERLIEFERUNG

Johannes der Täufer war ohne Zweifel ein Bußprediger. Tatsächlich hatte er einen gewaltigen Einfluss auf seine Umwelt, denn er versammelte eine riesige Anhängerschar um sich.

Geboren wurde der spätere Prediger „zur Zeit des Königs Herodes, des Königs von Judäa" (Lukas 1, 5), was darauf schließen lässt, dass er deutlich älter war als Jesus.

Gaius Iulius Herodes, genannt Herodes der Große (ca. 73–4 v. Chr.), herrschte damals im Auftrag der Römer über die Juden. Herodes war, entgegen den biblischen Berichten, keineswegs ein durch und durch schlechter König. Er ließ zahlreiche Theater und Tempel errichten, befahl seinen Architekten, ganze Städte auszubauen und zu verschönern, ließ Wasserleitungen legen und machte Häfen sicherer. Er half bei Hungersnöten und Seuchen. Mehr als einmal erließ er den Bewohnern seiner Herrschaftsgebiete die Steuern. Er unterstützte die Olympischen Spiele und kurbelte die Wirtschaft an – immer ein Zeichen für einen intelligenten Herrscher. Obwohl romhörig und von Rom abhängig verteidigte er die Juden gegenüber den Römern. Darüber hinaus war er ein verhältnismäßig fortschrittlicher Herrscher, denn er kümmerte sich um neue Technologien, wie wir heute sagen würden, besonders förderte er den Abbau von Erdpech, Kupfer und Zinn.

Die Christen sahen in ihm jedoch die Inkarnation des Bösen und klagten ihn des Kindermordes an. Die Bibel berichtet, dass er aus Furcht um seine Herrschaft in Bethlehem die Ermordung aller bis zu zwei Jahre alten Knaben befohlen habe. Fast alle Historiker zweifeln die Geschichte an, da sie durch keine weitere Quelle belegt ist. Trotzdem ist der Name Herodes bis heute negativ besetzt, eigentlich zu Unrecht. Was ihm tatsächlich das Genick brach, waren seine zahlreichen Ehen (mindestens zehn), sowie seine noch zahlreicheren Nachkommen, die sich bereits zu seinen Lebzeiten um sein Erbe und die Macht stritten.

In dieser wilden Zeit, als Judäa unter der Knute Roms stand, deren Schläge Herodes abzumildern suchte, wurde Johannes der Täufer geboren. Seinem Vater, einem Priester in Jerusalems Tempel mit Namen Zacharias, war angeblich von einem Engel die Geburt eines Sohnes angekündigt worden. Der Name „Johannes" bedeutet „Gott ist gnädig", denn Zacharias und seine Frau befanden sich schon im vorgerückten Alter, wo man mit einem Sprössling nicht mehr rechnen durfte. Die Mutter, Elisabet, stammte aller Wahrscheinlichkeit nach ebenfalls aus einem Priestergeschlecht.

Von Johannes' Kindheit ist nicht viel überliefert. Er soll, genau wie Jesus, schon früh „weise" gewesen sein und war offenbar mit einem scharfen Verstand begabt. Möglicherweise gab ihm sein Vater, der Priester, das notwendige rhetorische Rüstzeug mit auf den Weg.

Die Figur wird im Erwachsenenalter greifbarer. Nach übereinstimmenden Aussagen mehrerer Quellen führte Johannes ein asketisches Leben. Angeblich ernährte er sich zeitweise nur von „Heuschrecken und wildem Honig", er aß „zusammen mit den wilden Tieren". Spätestens etwa um das Jahr 28 n. Chr. hielt er zudem flammende Reden, um die Juden zur Buße, zu Reinigungsbädern und zur Taufe zu bewegen, damit sie sich ihrer Sünden entledigten. Mit rollenden Augen warnte er vor dem Ende aller Zeiten und dem Letzten Gericht. Auch Jesus Christus taufte er. Vielleicht war er tatsächlich sein Lehrer, jedenfalls trat Jesus später in seine Fußstapfen.

Eines Tages wurde Johannes der Täufer ins Gefängnis geworfen, da er Herodes Antipas öffentlich für seinen Ehebruch getadelt hatte. Herodes Antipas? Das war der zweite Sohn Herodes' des Großen, der jetzt herrschte. Die Geschichte will wissen, dass Herodes Antipas eines Tages seine Ehefrau verstieß, weil er sich in seine Schwägerin Herodias verliebt hatte. Herodias, die umschwärmte Schöne, selbst verheiratet, verließ ihrerseits ihren Gemahl, aus Liebe zu Herodes Antipas. Ein doppelter Ehebruch! Johannes der Täufer geißelte den Herrscher und seine neue Frau dafür in aller Öffentlichkeit, woraufhin er gefangen gesetzt und in eine Bergfestung gebracht wurde.

Nach Darstellung des Neuen Testaments wurde seine Verurteilung dramatisch in Szene gesetzt: Eines Tages feierte Herodes Antipas seinen Geburtstag, zu dem viele Würdenträger geladen waren. Zur Unterhaltung führte Herodias' Tochter Salome einen so lasziven Tanz auf, dass alle Anwesenden in Verzückung gerieten. Herodes, ausgelassen und in wildem Übermut, schwor daraufhin der hübschen Salome: „Um was du wirst mich auch bitten, will ich dir geben, bis an die Hälfte meines Königreiches." (Markus 6, 23)

Gaston Bussière, Der Tanz der Salome …, 1923

Der Legende nach wandte sich Salome daraufhin an ihre Mutter, um sich von ihr Rat zu holen. Was sollte sie sich wünschen? Herodias flüsterte ihr ins Ohr, sie solle den Kopf des Täufers verlangen. Sie hatte nicht vergessen, dass Johannes sie und ihren Gatten öffentlich getadelt hatte. Das Gewürm musste zertreten werden! Johannes stellte eine Gefahr dar für den Staat. Salome tat, wie ihr geraten. Sie forderte das Haupt des Johannes. Diesem Wunsch konnte sich Herodes Antipas „um des Eides willen und derer, die am Tisch saßen" (Markus 6, 27) nicht verweigern. Er ließ Johannes den Täufer köpfen und das Haupt auf einer Schüssel oder auf einem Tablett zur Tänzerin Salome bringen.

Später wurde diese Szene Gegenstand vieler künstlerischer Darstellungen. Maler, Bildhauer, Schriftsteller und Musiker überschlugen sich, dieses Ereignis auszuschmücken, das in dramatischer Hinsicht so viel hergab.

Gustave Flaubert, der große französische Schriftsteller, versuchte sich an der Legende ebenso wie Oscar Wilde, der ein ganzes Schauspiel über das wirkliche oder angebliche Ereignis schrieb. Balladen und Erzählungen erschienen, historische Romane und ganze Opern.

Ganz besonders die Maler liebten die Legende. Der große Tizian verewigte die Legende mit seinem Pinsel ebenso wie Behmer, Gyula, Corinth, Klinger, Caravaggio, Moreau, von Stück oder Kokoschka.

Oratorien entstanden und Gesänge, Richard Strauss schuf eine ganze Oper. Songs wurden komponiert und eigene Tänze erfunden, in Erinnerung an Salome. Der Film bemächtigte sich des Themas und das Fernsehen. Im 19. Jahrhundert gab es kaum ein beliebteres Motiv als die Legende rund um die schöne Salome, die durch ihre erotischen Bewegungen dafür gesorgt hatte, dass dem Täufer der Kopf abgeschlagen worden war.

Was auch immer an der Geschichte Dichtung und was Wahrheit ist, Johannes der Täufer fand den Tod, weil er es gewagt hatte, die

Caravaggio (1571–1610), Salome mit dem Kopf
Johannes' des Täufers

Stimme gegen seinen Herrscher zu erheben und ihn öffentlich zu ermahnen. Kurz gesagt war Johannes der Täufer also ein Bußprediger, der sich mit der politischen Gewalt seiner Zeit anlegte und daraufhin getötet wurde.

DIE LÜGEN

Diese Überlieferung strotzt von zahlreichen Lügen. Betrachten wir nur einmal der Reihe nach die drei größten Lügen, wobei wir uns den Höhepunkt bis zum Schluss aufsparen.

GROSSLÜGE NR. 1

So bezaubernd, verführerisch und in dramatischer Hinsicht ergiebig sich die Geschichte rund um die schöne Salome rankt, so zweifelhaft ist sie. Salome lebte zwar tatsächlich, sie war väterlicherseits eine Enkelin Herodes' des Großen. Später avancierte sie unter dem römischen Kaiser Nero durch geschickte Heirat zur Königin von Kleinarmenien (in der heutigen Türkei gelegen). Aber die Story rund um den Tanz und den Kopf Johannes' des Täufers ist aller Wahrscheinlichkeit nach reine Erfindung. Schon dass ein hartgesottener König bereit ist, Salome ein halbes Königreich zu schenken, wenn sie es sich wünscht, nur weil sie ein wenig erotisch die Hüften bewegt, ist nicht glaubwürdig. Zudem ließe ein Herrscher eine Königstochter wohl kaum lasziv vor seinen Würdenträgern tanzen. Diese Aufgabe war eher professionellen Tänzerinnen vorbehalten. Und weitere Zweifel kommen auf, wenn man die Geschichte kennt. Denn durch frühere Erzählungen wissen wir, dass bei ausgelassenen Festmählern Gefangene aus reinem Übermut erschlagen wurden, um Gästen das Schauspiel einer Hinrichtung zu bieten. Wahrscheinlich ist Salomes Geschichte also einfach nur abgekupfert, jedenfalls gab es literarische Vorbilder.

Doch was wurde mit dieser religiösen Räuberpistole bezweckt?

Nun, um Herodes politisch in Misskredit zu bringen, erfand man die wildesten Geschichten. Man garnierte sie mit Sex, Mord und Totschlag, denn das machte etwas her, das wurde weitererzählt. Die Zuhörer begannen, Sympathie (für das Christentum) und Mitleid (mit Johannes) zu empfinden sowie Hass auf den Herrscher (auf Herodes und Rom).

Außerdem war es eine wunderbare Märtyrergeschichte. Der Historiker weiß mit Gewissheit, dass die frühen Christen das Märtyrertum maßlos übertrieben, selbst katholische und evangelische Geschichtswissenschaftler geben das heute zu. Herzergreifende Storys wurden erfunden, eine dramatischer als die andere. Immer appellierte man dabei geschickt an das Mitleid. Den Zeitgenossen wurde zum Beispiel vorgelogen, welchen Grausamkeiten die frühen

Christen in der römischen Arena ausgesetzt waren, wo sie angeblich von Bestien zerfleischt wurden. Natürlich gab es einige spektakuläre Fälle. Aber im Allgemeinen verhielt sich Rom wertneutral gegenüber anderen Religionen, Ausnahmen bestätigten nur die Regel. Doch diese (übertriebenen) Märtyrertode sicherten den Zulauf zu der neuen Religion, zum Christentum.

Zudem spülten sie Geld in die Kasse. Geld? Wieso? Nun, durch die Reliquien – Märtyrer hinterließen immer wertvolle Reliquien. Diese lockten Gläubige an, die man in der Folge bequem wie Weihnachtsgänse ausnehmen konnte. Und ein paar weitere, neue Geschichten über angebliche Wunderheilungen durch diese Reliquien ließen die Geldbeutel noch leichter aufspringen.

Die (Märtyrer-)Geschichte rund um den Tod Johannes' des Täufers war also reines Gold wert. Und so wundert es nicht, dass bis heute (!) die Priester zahlreicher Ortschaften und Kirchen behaupten, über Überreste Johannes' des Täufers zu verfügen. Sein Haupt ruht angeblich in Italien, in Frankreich, in Syrien und sogar in der Türkei. Der Täufer muss also mindestens vier Köpfe gehabt haben!

Wer den Kopf des Täufers zu besitzen behauptete, konnte mit Heerscharen von gläubigen Pilgern rechnen. Und Pilger spülten Geld in die Kasse, sie mussten essen, trinken und übernachten. Kurz gesagt: Sie belebten das Geschäft. Und so musste ein „Wallfahrtsort", der etwas auf sich hielt, nahezu notgedrungen ein paar spektakuläre Reliquien sein Eigen nennen. Auf diese Weise konnte man ökonomisch gut überleben. Die blutige Geschichte rund um Johannes den Täufer und um die hübsche, erotische Salome machte wirklich etwas her. Sie garantierte scharenweise Pilger. Man musste nur behaupten, ein paar alte, originale Knochen dieses Johannes in seinem Besitz zu haben.

Man verfolgte mit der Salome-Täufer-Geschichte also zwei Ziele: Zunächst ein politisches (Herodes zu diskreditieren) und später ein religiöses (Anhänger zu gewinnen und Gläubigen das Geld aus der Tasche zu ziehen).

Diese Geschichte war „wertvoll". Und so wurde sie immer wieder aufgekocht, obwohl sie sich wahrscheinlich nie so ereignet hatte.

GROSSLÜGE NR. 2

Doch eine noch gewaltigere und größere Lüge liegt gewissermaßen „zwischen den Zeilen" des Neuen Testamentes, eine Behauptung, die die gesamte Theologie des Christentums gefährdete. Wir haben es bereits angedeutet: Falls Johannes der Täufer tatsächlich der Lehrer Jesu war, wenn Johannes tatsächlich Jesus' Sünden abwusch, dann schrumpfte die Jesus-Figur plötzlich zusammen.

Um dem zuvorzukommen, mussten die Schreiberlinge des Neuen Testamentes eine Lüge einfügen, sie mussten fälschen. Sie mussten behaupten, Johannes der Täufer habe persönlich gesagt, Jesu Christus sei „größer" als er selbst. Nur auf diese Weise konnte die Einmaligkeit Jesu sichergestellt werden. Und nur darum ging es. Es durfte auf keinen Fall der Eindruck entstehen, dass noch andere Propheten quasi auf gleicher Stufe mit Christus stünden oder gar über ihm. Ein Gott oder ein Gottessohn konnte schlecht einen Lehrer haben. Ein Gott hatte auch keine Sünden. Und ein Gott konnte sich unmöglich von einem anderen die Sünden abwaschen lassen.

Verstehen Sie die gewaltige Bedrohung, die die Geschichte rund um Johannes den Täufer darstellte? In theologischer Hinsicht?

Johannes der Täufer war ein Konkurrenz-Prophet. Im Grunde stand er über Jesus. Jesus war sein Schüler. Jesus musste sich seiner Sünden schämen und sie abwaschen lassen.

Aber das Problem wurde schnell gelöst: Damit die Gläubigen nicht auf dumme Gedanken kamen, damit sie nicht ins Grübeln

46

gerieten, damit sie nicht anfingen, selbstständig zu denken, wurden ein paar Zeilen eingefügt. Und so finden wir in der Bibel immer wieder die Bemerkung, Johannes der Täufer sei nur ein Prophet gewesen, von Jesus dagegen wird stets als Messias, *Soter* (griech. = Retter, Heiland) und Gottessohn gesprochen.[1] Es wird immer wieder berichtet, dass Johannes Jesus lediglich ankündigen sollte (Lukas 3, 15f). Man lasse sich die folgende Formulierung der Bibel auf der Zunge zergehen: „Johannes gilt als Größter unter den von Frauen Geborenen, wenn auch als Kleinster in der Gottesherrschaft." (Matthäus 11, 11)

Was für ein Spagat! Was für ein Trick! Welch theologische Lümmelei! Johannes musste zugleich groß und klein gemacht werden. Johannes durfte zwar „groß" sein, aber Jesus musste weitaus „größer" sein. Johannes musste unter allen Umständen *unter* Jesus angesiedelt werden, er durfte lediglich auf den Herrn vorbereiten. Er war nur Ankündiger und Wegbereiter Jesu. Jesus war grundsätzlich größer, gesegneter, verständiger und messianischer. Johannes durfte „vor dem Herrn hergehen" und das Volk auf ihn einstimmen. Er wurde zu einem Vorläufer kleingeredet. Welche Kapriolen mussten die armen Bibelschreiber schlagen, damit das Ganze halbwegs logisch erschien!

Dabei sind die Parallelen zwischen den beiden Figuren so augenfällig, dass es fast schmerzt. Sie müssen den Theologen entsetzliches Kopfzerbrechen bereitet haben. Die Geburt beider, die des Johannes und die des Jesus, wurde durch Engel angekündigt. Beide waren von Kindesbeinen an weise. Beide predigten. Beide redeten von Buße. Beide mahnten ethisches Verhalten an. Beide brachen für Gewaltlosigkeit eine Lanze. Beide sprachen vom Letzten Gericht. Beide wurden am Schluss zu Unrecht getötet.

Die Ähnlichkeiten waren fatal! Also wurden die kompliziertesten Lügen erfunden und die denkbar dümmsten Fälschungen eingewoben. Jesus musste unter allen Umständen *über* Johannes gestellt werden, obwohl die Logik dabei völlig auf der Strecke blieb. Theologen sahen sich schwierigster Probleme gegenüber, als es den Täufer zu beschreiben galt. Einige Vorwitzige sprachen im Falle des Johannes offenbar von einem Propheten, der sich auf gleicher Stufe wie Jesus befand. Aber das konnte, das durfte nicht sein! Es hätte die christliche Theologie zum Einsturz gebracht. Deshalb wurde Johannes der Täufer schnell auf das rechte Maß zurechtgestutzt. Noch einmal: Es galt, eine gefährliche Geschichte aus dem Weg zu räumen oder zumindest plausibel erscheinen zu lassen. Im Hinblick auf die Rolle und die Figur Johannes' des Täufers haben wir es also mit einer lupenreinen Fälschung zu tun.

Doch was ist die vollständige Wahrheit? Wer war der wahre Johannes? Nun, erst jetzt wird es richtig spannend.

GROSSLÜGE NR. 3

Die größte Lüge war es, in christlichen Kreisen zu verschweigen, was es mit Johannes dem Täufer wirklich auf sich hatte. Er war nämlich selbst ein Religionsgründer! Er war eine Parallel-Figur zu Christus. Er hatte seine eigene, riesige Anhängerschar. Historisch gesehen stand er durchaus neben Christus, vielleicht sogar eine Weile über ihm.

Weitgehend unbekannt ist die Tatsache, dass er als größter Reformator der Mandäer galt, einer eigenständigen Religionsgemeinschaft. In dem Wort „Mandäer" steckt das aramäische Wort *manda*, was Erkenntnis bedeutet. Die Mandäer versuchten Erkenntnisse über die höheren Welten zu erlangen. Einige bezeichneten die Mandäer auch als Nazoräer (wörtlich = Leute, die bestimmte Riten beachten). Sie trugen auch den Namen Sabier (aramäisch: *sba* = taufen). Sogar der Ausdruck „Johannes-Christen" existierte. Aber bleiben wir bei dem Begriff „Mandäer". Sie gab es in Palästina, Syrien und im Irak und sie waren Konkurrenten der Christen.

Johannes der Täufer wurde von den Mandäern als ihr wichtigster Reformator angesehen, Jesus hingegen als falscher Prophet. Die Mandäer kannten die Höllenfahrt, die Wiederauferstehung der Toten und eine Art Heiligen Geist. Sie kannten die Taufe, den sonntäglichen Gottesdienst sowie Toten- und Seelenmessen. Sie kannten das Abendmahl und vieles andere mehr, was heute im Allgemeinen als „original christlich" angesehen wird.

Erkennen Sie die Gefahr, die damit von den Mandäern für das Christentum ausging?

Wie viel die Urchristen von Johannes dem Täufer und den Mandäern übernahmen oder einfach stahlen, kann man nur erahnen; geschichtlich verifizieren lässt es sich nicht.

Das gesamte Christentum, oder genauer gesagt die Originalität des Christentums, wäre in Gefahr geraten, hätte man Johannes den Täufer objektiv und ehrlich beschrieben. Also musste dieser Johannes auf das rechte Maß zurechtgestutzt werden. Er musste kleingeredet werden.

Und wie verhielt es sich umgekehrt?

Nun, die Mandäer ihrerseits mussten auch Jesus Christus kleinreden. In einem der heiligen Bücher der Mandäer, dem *Sidra Rabba*, heißt es:

„Wenn Johannes in jenem Zeitalter Jerusalems lebt, den Jordan nimmt und die Taufe vollzieht, kommt Jesus Christus, geht in Demut einher, empfängt die Taufe des Johannes und wird durch die Weisheit des Johannes weise. Dann aber verdreht er die Rede des Johannes, verändert die Taufe im Jordan und predigt Frevel und Trug in der Welt. Christus wird die Völker spalten … In jenem Zeitalter bewährt euch, ihr Wahrhaftigen."[2]

49

Man bekämpfte sich also wechselseitig. Jeder wollte den größeren oder den „richtigen" Propheten haben. Die Mandäer verunglimpften Jesus, und die Christen redeten Johannes klein.

Noch heute gibt es nebenbei bemerkt rund Hunderttausend Mandäer weltweit. Sie leben im Irak, Iran, in Europa (rund 2000 in Deutschland), in Syrien, in Jordanien, im Jemen, in Thailand, in Ägypten, im Libanon, ja sogar in Schweden und in Australien. Einige Religionswissenschaftler führen die mandäische Religion komplett auf Johannes den Täufer zurück.

Johannes der Täufer war demnach ein Konkurrenz-Prophet zu Christus – und ein Konkurrenz-Prophet im Islam. Im Islam gilt Johannes der Täufer nämlich ebenfalls als Prophet (vgl. Koran, Sure 3, 39). Über ihm stehen nur noch Jesus und Mohammed. Auch dort wurde der Täufer also rasch zurückgestuft, und mit ihm Christus. Im Islam ist der „größte Prophet" des einzigen Gottes Allah natürlich Mohammed.

Mit anderen Worten: Verschiedene Religionen befanden sich in einem Wettstreit. Stets ging es nur darum, wer den „größeren" Propheten besaß. Und so geschah Folgendes: Ein Teil von Johannes' Anhängern blieb den ursprünglichen Lehren des Täufers treu; sie wurden Mandäer. Ein anderer Teil schloss sich den Christen an. Und damit haben wir das Rätsel um Johannes den Täufer endgültig gelöst.

DIE VERSCHWIEGENE WAHRHEIT

Heute wird Johannes der Täufer in mindestens drei Religionen als Prophet verehrt, was beweist, wie mächtig sein Einfluss war. Er war kein Christ und auch kein Vorläufer Christi. Er war auch kein Muslim. In Wahrheit war er eine eigenständige Figur, mit eigener

Anhängerschaft. Um diese nicht zu vergraulen und um zumindest Teile davon ins Christentum zu integrieren, wurde er in der Bibel so dargestellt, dass man niemandem auf die Zehen trat. Man gestattete es ihm, ein Prophet zu sein, aber eben kein Messias. Dabei war Johannes ganz sicher mehr als nur ein Vorläufer Christi. Wiederholen wir: Er war ein Prophet eigener Klasse, eine Art Religionsgründer.

Wir wurden und werden durch das Neue Testament in die Irre geführt. Bis heute haben wir es bei der christlichen Johannes-Version mit einer historischen Fälschung zu tun.

Dennoch haben Christen bis heute einen gewaltigen Respekt vor dem Täufer: Er gilt als Schutzpatron der Bauhütten, speziell der Steinmetzen. Zudem feiern Christen bis heute den Johannistag, den letzten Tag der Spargelernte, und die Johannisnacht, die kürzeste Nacht des Jahres. Es gibt im Christentum zahlreiche Johanneskirchen, und mehrere christliche Ordensgemeinschaften haben sich nach Johannes benannt. Wir begegnen heute Johanniskapellen, Johannisklöstern und Johannisfriedhöfen. Wir kennen den Johannisberg, die Johannisburg und das Johannistal. All das verdanken wir Johannes dem Täufer.

Dabei wurde, wie wir jetzt wissen, die Figur in der Bibel völlig verändert, vieles wurde einfach zusammengeschwindelt, damit dem Christentum und dem Glauben an Jesus Christus nichts in die Quere kam.

Noch einmal, ein letztes Mal: Die simple Wahrheit ist, dass wir in und mit Johannes dem Täufer einem eigenständigen Propheten begegnen, der vom Christentum vereinnahmt wurde. Er wurde geschluckt, einkassiert, aufgesogen. Dies gelang, indem am Neuen Testament ein wenig herumgepfuscht wurde. Einige „Theologen" fälschten ein paar Sätze in die Bibel hinein, bis alles „passte", bis man ihn so weit umgewandelt hatte, dass er dem Christentum nicht mehr gefährlich werden konnte. Das und nichts anderes ist die Wahrheit über Johannes den Täufer.

3.
DAS LETZTE ABENDMAHL
ODER
DIONYSISCHE FESTLICHKEITEN

Betrachten wir übergangslos einen weiteren Bericht innerhalb des Neuen Testamentes: das letzte Abendmahl. Von ihm wurde schließlich die heilige Kommunion abgeleitet, um wieder und wieder die „Vereinigung" mit Jesus Christus zu zelebrieren.

Das letzte Abendmahl wurde viele hundert Male optisch dargestellt, das wohl berühmteste Gemälde der Welt stammt aus dem Pinsel Leonardo da Vincis.

Das letzte Abendmahl (ital.: *Ultima Cena*) des berühmten Malers entstand in den Jahren 1495 bis 1498, im italienischen Mailand. Mehr oder weniger gut erhaltene Überreste des Gemäldes sind noch heute in der Kirche Santa Maria della Grazie im Refektorium an der Nordwand zu sehen. Es ist exakt 8,8 Meter breit und 4,6 Meter hoch. Jährlich pilgern Zehntausende von Gläubigen und Ungläubigen nach Mailand, um dieses Gemälde zu bewundern und dem Genie Leonardos Ehrerbietung zu zollen.

Das letzte Abendmahl wurde exakt auf folgende Bibelstelle hin zukomponiert:

„Als es Abend geworden war, kam Jesus mit den zwölf Jüngern. Er setzte sich mit ihnen zu Tisch, aß und sagte: ‚Einer von euch wird mich verraten!' Sie waren tief betroffen darüber und sagten zu ihm, einer nach dem anderen: ‚Doch nicht etwa ich?' Jesus antwortete: ‚Einer von euch Zwölfen! Das geschieht, damit der Menschensohn stirbt, wie über ihn in der Heiligen Schrift geschrieben steht. Wehe dem Menschen, der den Menschensohn ausliefert. Es wäre besser, er wäre nicht geboren worden.'

Als sie mit ihm aßen, nahm er das Brot, dankte, brach es und sprach: ‚Nehmt, das ist mein Leib.' Dann nahm er den Kelch, sprach das Dankgebet, gab ihn herum und alle tranken daraus. Und er sagte zu ihnen: ‚Das ist mein Blut ...!'" (Lukas 22, 18–23).

Was hat es mit diesem Text auf sich, der von Leonardo da Vinci mit dem Pinsel in so unvergleichlicher Weise festgehalten wurde? Hat es sich wirklich so zugetragen?

DAS MENSCHHEITSRÄTSEL

Mehr als ein Forscher versuchte bereits, dem Rätsel dieses Abendmahles auf die Spur zu kommen. Was bedeutete es wirklich? Handelte es sich um ein Bild, um eine Allegorie, um ein Gleichnis? Welche tiefere Botschaft lag darin? Dieses Mahl hatte offenbar eine enorme Bedeutung. Schließlich zählt die heilige Kommunion zu den Sieben Sakramenten im Katholizismus, die diesem letzten Abendmahl exakt nachempfunden ist. Und auch viele andere christlich orientierte Kirchen zelebrieren die heilige Kommunion in Erinnerung an dieses Abendmahl. In diesem Zusammenhang steht folgende buchstäblich jahrhundertelang unterdrückte Information: Für dieses letzte Abendmahl haben zwei präzise historische Vorlagen Pate gestanden. Mit anderen Worten: Es ist nicht originell, es wurde auch in diesem Fall – abgeschrieben!

Lassen wir die Katze aus dem Sack.

DIE ERSTE VORLAGE

Zunächst gab (und gibt) es eine jüdische Matrize zum letzten Abendmahl: Hier existierte und existiert das sogenannte Passahmahl. *Passah* bedeutet wörtlich überschreiten, vorüberschreiten oder weggehen. Das Wort erinnerte und erinnert die gläubigen Juden bis heute an den Auszug („weggehen") aus Ägypten. Zur Erinnerung an diese Befreiung – immerhin hatte man den Pharaonen jahrhundertelang Sklavendienste geleistet und nun endlich das ägyptische Joch abgeworfen – feierten und feiern die Juden noch heute das Passahmahl. Hier wird ein Lamm verspeist, das bei den Juden als „Opferlamm" bezeichnet wird. Man bedankt sich bei Gott mit einem Opfer! Wenn die Christen also von einem Opferlamm sprechen und von einem Opfer überhaupt, so benutzen sie jüdische Vokabeln. Man nahm weiter an, Gott wäre persönlich bei diesem Passahmahl zugegen. Zudem wurden bei dem jüdischen Passahmahl Brot und Wein gereicht – genau wie beim christlichen Abendmahl. Auffallende Parallelen!

Fassen wir noch einmal zusammen:

54

1. Die Juden greifen zu Wein und Brot, genau wie die Christen.
2. Angeblich ist ein Gott bei diesem Mahl anwesend – bei den Juden genau wie bei den Christen.
3. Ein Opfer wird sowohl bei den Juden gebracht als auch bei den Christen.
4. Der Ausdruck „Opferlamm" findet sich in beiden Religionen.

Das letzte Abendmahl der Christen hat also auffällige Ähnlichkeiten zu dem Passahmahl der Juden. Wenn man seinen Verstand einsetzt, muss man zugeben, dass hier wohl die Christen eifrig bei den Juden Anleihen machten, schließlich entstand die christliche Religion ja später als der Judaismus.

Doch die zweite Vorlage wiegt weitaus schwerer und birgt wirklichen Sprengstoff!

DIE ZWEITE VORLAGE

Die Verwandlung des Brotes und des Weines in Christi Fleisch und Blut versteht fast niemand. Dabei ist sie das Herzstück der christlichen Religion, die noch heute die sogenannte heilige Kommunion zelebriert. Hierbei nimmt der Gläubige den Leib Christi in sich auf – zumindest angeblich. Das geschieht Millionen und vielleicht Milliarden Mal jeden Monat auf der Welt.

Kaum bekannt ist, dass dieser Brauch auf frühere religiöse Gebräuche zurückgeht: auf Ereignisse und Legenden rund um den Gott Dionysos. Zugegeben, der griechische Gott Dionysos wandelte sich später zu einem Gott, der für Wein, Weib und Gesang zuständig war. Aber vor dieser Verwandlung stand er im Mittelpunkt bestimmter Mysterien, die in Griechenland schon 1500 Jahre vor Christus gefeiert wurden. Sie waren hochgeheim! Die Teilnehmer durften über diese Mysterienfeiern kein Wort verlieren, sonst drohte ihnen die Todesstrafe. Aber trotz dieser Geheimniskrämerei wurden später die Inhalte bekannt – jedenfalls in gewissen Zirkeln.

Worin bestanden diese Geheimnisse?

Im Rahmen dionysischer Festlichkeiten wurde ausgelassen und enthusiastisch gefeiert. Man trank und tanzte, bis man in Raserei verfiel, in der sich alle Bande lockerten. Als Höhepunkt dieser Zeremonie stürzte man sich auf einen Mann, in dem man den fleischgewordenen Gott Dionysos erblickte, riss ihn buchstäblich in Fetzen und trank dann in einer heiligen Kommunion sein Blut und aß das rohe Fleisch. Das symbolisierte die Vereinigung mit Gott, indem man ihn sich eben sozusagen selbst einverleibte. Das bedeutete Macht und Power.

Der tiefere Sinn des christlichen Abendmahls besteht also darin, sich mit einem Gott zu vereinigen, um in den Besitz seiner Kräfte zu gelangen.[1]

Verstehen Sie die Ungeheuerlichkeit? Ein alter griechischer Brauch zog in das Christentum ein. Das christliche letzte Abendmahl ist demnach eine Art Plagiat. Wir haben es hier mit einer uralten religiösen, heidnischen Zeremonie zu tun, die schließlich als letztes Abendmahl in die christliche Religion einging.

Und es gibt noch viel mehr über diesen mysteriösen Gott Dionysos zu wissen!

WAS ÜBER DIONYSOS
NICHT BEKANNT IST

Durchforstet man systematisch alte griechische Legenden und Sagen, die sich mit dem Götterhimmel befassen, stellt man sehr schnell fest, dass sich bestimmte Götter im Laufe der vielen Jahrhunderte, da sie existierten, oft wandelten und verwandelten! Das heißt, sie änderten mitunter ihre Funktion, manchmal sogar ihr Aussehen und wurden damit vieldeutig interpretierbar. Da ständig neue Sagen erfunden wurden, da Dichter über sie dichteten, Philosophen über sie nachsannen und Erzähler neue Märchen über sie zusammenspannen, entwickelte sich im Laufe der Jahrhunderte ein griechischer Götterhimmel, der mit der Zeit immer dichter bevölkert war, alten Göttern neue Aufgaben zuwies und sie auf einmal in einem völlig anderem Licht zeigte.

Dionysos ist hierfür ein gutes Beispiel. Über ihn kursierten am Ende zahlreiche Geschichten, Legenden und Sagen, die sich nicht mehr auf einen gemeinsamen Nenner bringen ließen. Untersuchen wir deshalb diesen mysteriösen Gott Dionysos einmal etwas genauer.

Anfänglich handelte es sich bei Dionysos um einen Sohn von Zeus, einen Gottessohn also, der offenbar zur Natur, zur Tierwelt und zur Vegetation ein besonders enges Verhältnis hatte, ja all das sogar repräsentierte. Ein grüner Gott, wenn man so will! Dargestellt wurde er gern als ein schöner, bärtiger Mann, gekleidet in ein Reh- oder Pantherfell. Offenbar sah man in ihm eine Art natürlichen Fruchtbarkeitsgott, der immer wieder auftauchte, ganz so, wie sich die Natur jedes Jahr ständig erneuerte. Eros spielte dabei lange Zeit keine Rolle. Verbindungen mit Frauen waren kein Thema, Dionysos war direkt keusch im Verhältnis zu den anderen griechischen Göttern – Zeus etwa konnte kaum an einer schönen Frau vorübergehen, ohne über sie herzufallen und sie zu begatten. Die frühe Dionysos-Legende kennt jedenfalls keine Geliebte, keine erotischen Eskapaden, keine wilden, durchzechten Nächte oder heiße Liebesszenen. Bezeichnen wir das als die Dionysos-Phase Nr. 1.

Später änderte sich dieses Dionysos-Bild beträchtlich. Es wurde eine Legende kolportiert, die es in sich hatte: Die Titanen – der Sage nach ein älteres Göttergeschlecht, das vor Zeus regiert hatte – trachteten Dionysos eines Tages nach dem Leben. Sie überlisteten das Dionysos-Kind und überwältigten den Gottessohn, um ihn wie ein Opfertier zu schlachten. Dionysos starb. Zeus konnte die Titanen schließlich mit einem Blitz verbrennen. Und Dionysos? Nun, ein Gott war per definitionem unsterblich. Er stand also wieder von den Toten auf und wurde wiedergeboren.

Es waren griechische Erzählungen, Märchen und Legenden im Umlauf, die das Leiden, Sterben und die Wiederauferstehung dieses Dionysos genau beschrieben. Man kannte sogar eine Legende über die Himmelfahrt des Dionysos.

Jedenfalls wurde zu bestimmten Zeiten ein als Dionysos verkleideter Mensch in einer wilden Zeremonie getötet und verspeist. Möglicherweise erinnerte man damit an die alte Legende. Im Laufe der Zeit entstanden regelrechte hochgeheime Kulte.

„Der Gläubige konnte sich in einen dieser Kulte einführen lassen; unter bestimmten Riten und Voraussetzungen, bei denen immer die Schweigepflicht betont [wurde, nahm man ihn] schließlich als Eingeweihten auf. Über den Inhalt der …, unsagbaren und geheimen Praktiken ist tatsächlich dem Schweigegebot entsprechend kaum etwas bekannt geworden. … Die Gläubigen wurden durch ihre

Teilnahme ... in das Gefolge des Gottes, als Satyrn, Mänaden und so weiter, eingegliedert und nahmen so an seiner Göttlichkeit teil."[2]

Ein Satyr war ein lüsterner Dämon mit Schwanz und Bockfüßen, der im Gefolge des Dionysos zu finden ist; eine Mänade eine verzückte, bis zur Raserei begeisterte Dienerin des Dionysos. Offenbar gab es erst jetzt die wildesten und ausgelassensten Feiern und Festlichkeiten. Erst jetzt begann Sex eine Rolle zu spielen. Wahrscheinlich wurden dabei alle Fesseln der Kultur gelockert. Da zudem ein Mensch getötet und in wilder Raserei verspeist wurde, waren diese kultischen Handlungen gleich zweimal tabu. Ummäntelt und überhöht wurde diese göttliche, sexuelle Raserei durch die Legende des Dionysos. Geburt, Kindheit, Wirken, Tod und Wiederkehr eines Gottes wurden gefeiert, sie waren Stufen einer Verwandlung, die nachvollzogen und noch einmal aufgeführt wurden wie ein Theaterstück. Der Gläubige selbst verwandelte sich dabei in einen Gott, denn er verleibte sich einen Gott ein, er aß einen Gott. Damit überwand er symbolisch den Tod. Demnach war ihm die ewige Seligkeit gewiss, wenn er nur an Dionysos glaubte und sich an die (geheimen) Regeln der Dionysos-Sekte hielt. Natürlich durfte von all dem nichts nach außen dringen. Bezeichnen wir dies als die Dionysos-Phase Nr. 2.

Danach wandelte sich das Dionysos-Bild erneut. Die hochgeheimen Riten gerieten mehr und mehr in Vergessenheit. Was blieb, war ein lüsterner, geiler Gott, der über jedes Weibsbild herfiel, das nicht schnell genug vor ihm flüchten konnte. Ferner blieb Dionysos ein Trunkenbold, wandelte sich schließlich zu dem lebensfrohen Gott des Weines. Ständig wurde er auf Abbildungen mit Weinblättern und Weintrauben dargestellt. Zahllose Bildhauer, Kunsthandwerker und Maler stellten ihn auf diese Weise dar – von Tizian bis

Poussin, von Jordaens bis Rubens, von Velázquez bis Picasso. Dionysos war jetzt nur noch der Wein trinkende Unhold. Bezeichnen wir dies als die Dionysos-Phase Nr. 3.

Peter Paul Rubens, Dionysos, 1639

Lovis Corinth (1858–1925), Dionysos-Darstellung, 1898

Nun muss man der Wahrheit halber zugestehen, dass sich das Dionysos-Bild nicht so einfach auf diese drei Phasen beschränken lässt – unsere Darstellung ist eine Simplifizierung um des leichteren

Verständnisses willen. In Wahrheit gab es völlig unterschiedliche Dionysos-Bilder und Dionysos-Vorstellungen in Theben, in Athen, in Delphi, in verschiedenen griechischen Städten, auf Sizilien und in Italien sowie in anderen Ländern – und das wenigstens über zwei Jahrtausende hinweg. Man könnte also leicht 22 hübsche Doktorarbeiten über den Wandel und die Verwandlung des Dionysos-Gottes schreiben.

Der entscheidende Punkt für unser Thema ist die Dionysos-Phase Nr. 2, wie wir sie genannt haben, sprich das Verspeisen eines Gottes. Wie schon gesagt, bedeutete es, dass man sich dessen Kraft einverleibte. Genau diese dionysischen Riten und Gebräuche standen Pate für das christliche letzte Abendmahl.

Abgesehen von diesem sehr spezifischen Detail sind die Beziehungen zwischen Dionysos und Christus generell sehr viel enger, als im Allgemeinen zugegeben wird.

CHRISTUS UND DIONYSOS

Eine alte Religion stirbt selten über Nacht. Und eine neue Religion braucht gewöhnlich eine gewisse Zeit, bis sie sich etabliert, üblicherweise ein paar hundert Jahre. Während dieser Zeit geraten die alte und die neue Religion oft in Gegensatz zueinander. Gleichzeitig verschmelzen sie zu einem gewissen Grade, sie gehen eine Ehe ein und man lernt voneinander. Vergessen wir nicht: Viele noch heute existente christliche Gebräuche waren ehemals heidnischer Natur.

Es ist daher nicht verwunderlich, dass die Parallele Dionysos – Christus auch in späteren Jahrhunderten immer wieder auftaucht. Gelegentlich wurde das Dionysos-Kind sogar mit dem Jesus-Kind gleichgesetzt.[3] Das war der frühen christlichen Kirche schließlich ein Dorn im Auge. Auf dem Trullanischen Konzil wurde im Jahre 691 n. Chr. den Gläubigen offiziell untersagt, beim Keltern des Weines auch nur den Namen von Dionysos anzurufen. Das Konzil fand in Konstantinopel (heute Istanbul) statt, es wurde nach dem Ort der Versammlung benannt, dem Kuppelbau des Kaiserpalastes (lat. = *trullum*). Die Kirchendisziplin stand im Mittelpunkt dieses Konzils. Allein das beweist, wie lebendig der Dionysos-Glaube noch immer war! Zweifellos gab es viele Jahrhunderte nach Christus noch immer zahlreiche Anhänger des Dionysos und wahrscheinlich auch immer noch Dionysos-Kulte. Deshalb finden wir auch lange nach Christi Geburt hübsche Weinranken auf zahlreichen Darstellungen – und damit den Bezug zum Gott Dionysos. Der Dionysos-Glaube war nicht auszurotten, selbst als das Christentum bereits seinen Siegeszug angetreten hatte.

Zudem hat das Weinwunder, das Christus bei der Hochzeit zu Kanaan angeblich bewirkte, eine gewisse Ähnlichkeit mit den Wundern in den Dionysos-Mythen.[4]

Und die Weinsymbolik war jahrhunderte-, ja, jahrtausendelang fester Bestandteil vieler bildlicher Darstellungen, oft in Zusammenhang mit dem guten Hirten, was auf Jesus deutete, manchmal auch nur gemeinsam mit Ähren oder Brot.

Christus trat also nahtlos in die Fußstapfen des heidnischen Dionysos. Die Gottessöhne verschmolzen bis zu einem gewissen Grad miteinander. Und da man über Dionysos ähnliche Legenden erzählte wie über Christus, war es nicht schwer, diese beiden Götter miteinander zu verquicken.

Die Geschichten um Jesus Christus sind von den Legenden um Dionysos zumindest inspiriert. Die *volle* Wahrheit ist indes, dass einige dionysische Riten übernommen, ein wenig umformuliert und auf die neuen christlichen Gegebenheiten und Kulturen zugeschnitten wurden. Jedenfalls steht unverrückbar fest, dass das letzte

Ähre und Weinrebe, mittlerweile christliche Symbole, Rokoko-Altar,
Pfarrkirche St. Vitus/Donaualtheim/Bayern

Abendmahl seine genauen historischen Vorbilder besitzt und die
heilige Kommunion undenkbar ist ohne Dionysos.

FAZIT

Das bedeutet aber, dass die heilige Kommunion, die heute überall
auf der Welt von Christen gefeiert wird, eine Erinnerung an einen
uralten heidnischen Brauch ist, eben den Kult um Dionysos.

Diesem Kult lagen vielleicht noch erheblich frühere Gebräuche
zugrunde: Wenn Kannibalen einen Menschen verspeisten, so stellten sie sich ebenfalls vor, dass dessen Kraft in sie einging. Bei einigen
Indianerstämmen Nord- und Südamerikas glaubte man darüber
hinaus, dass die Macht eines getöteten Tieres in den Jäger und Esser
übergehe. In diesem Licht betrachtet ist das letzte Abendmahl mithin nichts anderes als das Relikt eines uralten Aberglaubens. Doch
in dieser Beziehung sind konkrete Quellen schwer festzumachen,
wenn man von der Bezeichnung „Opferlamm" absieht, auf die wir
noch an späterer Stelle zu sprechen kommen.

Aber der Bezug zu dem Passahmahl der Juden und dem Dionysos-Kult der Griechen steht unzweifelhaft fest. Mit der heiligen Kommunion frönt man also immer noch einer hübschen Art von Kannibalismus oder genauer gesagt der Erinnerung daran.

4.
WORÜBER UNS CHRISTLICHE SYMBOLE AUFSCHLUSS GEBEN

Wir haben im letzten Kapitel bereits darauf hingewiesen, dass Jesus Christus auch als Opferlamm bezeichnet wurde. Jesus Christus gab also sein Leben hin – für andere. Auch die Juden benutzten den Ausdruck „Opferlamm" schon. Offensichtlich handelte es sich bei diesem Begriff um ein Bild, um ein Symbol, ja vielleicht sogar um eine Allegorie. Aber was bedeutete sie, was steckte wirklich hinter diesem Ausdruck? Machen wir uns auf eine Überraschung gefasst.

DAS LAMM

Selbst christliche Quellen geben zu, dass das Lamm jahrhundertelang ein beliebtes Opfertier war, schon geraume Zeit vor Christus. Jesus Christus war zudem bereits von Johannes dem Täufer als „Lamm Gottes" bezeichnet worden (Johannes 1, 29). Der Bibel zufolge nahm Jesus Christus alle Sünden der Welt wie ein Lamm auf sich, das zur Schlachtbank geführt wird, um die Menschheit zu erlösen. Sogar die Hostie, die noch heute an diesen Opfergang erinnert, wurde und wird gelegentlich als „Lamm Gottes" bezeichnet.

Später geriet das Lamm zu einem Symbol für alle Gläubigen, die dem guten Hirten Jesus Christus nachfolgten.

Noch später machte das Lamm – oder genauer gesagt die Lammwolle – im Christentum abermals eine symbolische Neudeutung durch: Innerhalb der katholischen Kirche achtete man etwa ab dem 5. Jahrhundert n. Chr. darauf, dass das Pallium aus Lammwolle hergestellt wurde. Dieser lange, schmale, über den Schultern hängende Teil des priesterlichen Messgewandes war nur hohen kirchlichen Amtsträgern vorbehalten. Seit 1500 Jahren gilt es als Würdezeichen des Papstes und der katholischen Erzbischöfe. Es bezeichnet einen hohen Rang.

Das Lamm ist also wichtig im Christentum. Jedenfalls erfuhr das Symbol ständig neue Deutungen.

Aber was hatte es mit dem ursprünglichen Lamm auf sich? Nun, die Wahrheit ist: Es handelt sich dabei um einen lupenreinen Totemismus.

TOTEMISMUS IN DER BIBEL

Wir könnten sehr früh beginnen, Quellen auszumachen, von denen die Autoren der Bibel abschrieben. Wir entdecken sogar totemistische Anleihen.

Aber zunächst: Was bedeutet der Begriff „Totem"?

Er bezeichnete bei den Naturvölkern ein Wesen (gewöhnlich ein Tier oder eine Pflanze), das normalerweise als Ahne und Schutzgeist eines Clans empfunden wurde. *Ote* hieß in einer Indianersprache ursprünglich Clan oder Sippe, daraus entwickelte sich das Wort „Totem". Ein Totem barg Zauberkraft. Vor allem Indianergruppen und die australischen Ureinwohner benutzten gerne Totems, doch wir finden diesen Brauch auch in Indien und in Afrika. Besonders häufig wurde ein „heiliges" Tier als Totem verehrt. Das Totem war ein Symbol, das gleichzeitig einen Stamm repräsentierte, es schuf Identität. Zahlreiche Tiere dienten als Totems: der Bär, der Wolf, der Löwe, der Adler und der Elch – aber auch das Lamm, die Taube oder der Fisch.

Wenn wir also im Alten oder Neuen Testament einer Taube, einem Fisch oder einem Lamm begegnen, sehen wir uns Resten totemistischen Denkens gegenüber. Nehmen wir es interessenhalber genauer unter die Lupe.

DAS LAMM ALS TOTEM

Auch das Lamm wurde gern als Totemtier benutzt, wie uns Historiker unterschiedlicher Provenienz versichern.[1] Wie gesagt war es ursprünglich ein Schutztier oder ein Symbol eines primitiven Stammes. Wahrscheinlich deutete es auf den Reichtum eines Clans hin: Wer viele Lämmer besaß, galt als wohlhabend. Selbst dem Pharao in Ägypten gehörte anfänglich vielleicht bloß eine gewaltige Schafherde, da er gern mit dem Krummstab dargestellt wurde – wobei dieser Krummstab ursprünglich nur andeuten sollte, dass der Herr Ägyptens über riesige Herden gebot. Es handelte sich bei dem Krummstab nämlich um einen Hirtenstab! Erst später wandelte sich der Krummstab zum Symbol des Königtums.

Außerdem spielte das Lamm in Babylonien eine besondere Rolle. Babylonien lag im heutigen Irak, hier blühte vor rund 4000 Jahren bereits eine erstaunliche Kultur. In Babylonien war das Lamm das bevorzugte Opfertier. Da sich ein Teil der Juden eine Weile in Babylonien aufhielt – sie waren besiegt worden und in Gefangenschaft geraten –, ist es nicht unwahrscheinlich, dass sie das Opferlamm adaptierten und das Symbol in ihre Religion aufnahmen – von wo aus es in das Christentum gelangte.

Babylonische Texte sprechen jedenfalls bereits vom „Lamm als Ersatz für den Menschen" und vom Lamm, „das sein Leben gibt".[2] Man muss sich die Entwicklung wohl folgendermaßen vorstellen: In primitiven Zeiten bevorzugte man zunächst Menschenopfer. Mit zunehmender Zivilisation ersetzte man das Menschenopfer schließlich durch das Tieropfer. Die Götter bestanden nicht mehr darauf, einen Menschen zu schlachten. Das Lamm, das Opferlamm, stand jetzt anstelle des armen Teufels, der anfänglich einem Gott zum Fraß oder zur Besänftigung vorgeworfen worden war.

Dass die Juden von den Babyloniern das Opferlamm übernahmen, ist auch deshalb wahrscheinlich, weil sie eine ganze Reihe babylonischer Geschichten und Gebräuche adaptierten: Die Babylonier, die auf einer noch älteren Kultur fußten, sprachen bereits von einem **Paradies** sowie von einer schrecklichen Flut, einer **Sintflut.** Diese Sintflut war angeblich über die Menschheit hereingebrochen wegen deren Sünden und Vergehen. Die Parallele zur Geschichte im Alten Testament ist unübersehbar. Die Vorstellung dieser schrecklichen Flut wurde in der Folge höchstwahrscheinlich weitergegeben an die Hebräer bzw. die Juden, die sie ihrerseits dem Christentum schenkten.

Auch die alttestamentliche Schöpfungssage wurde offenbar von babylonischen Geschichten befruchtet. Denn schon die Babylonier lehrten, dass Gott nach der **Schöpfung** – nachdem Himmel und Erde und der Ozean geschaffen worden waren – ein **Stück Erde** genommen, es mit Blut verknetet und daraus den Menschen geformt habe. Adam lässt grüßen! Im Alten Testament wurde der Mensch ebenfalls aus einem Lehmklumpen geformt, mithin aus Erde. Die Parallelen fallen sofort ins Auge.

Aber als die (babylonischen) Götter mit den Menschen unzufrieden wurden, sorgten sie für eine große, alles vernichtende Flut. Ein Gott jedoch empfand Mitleid. Er beschloss, wenigstens ein paar

Menschen zu retten, einen Mann und eine Frau. Dieser Mann zimmerte eine **Arche,** um die gewaltige Flut zu überstehen, und als sich die Wasser nach langer Zeit beruhigt hatten, schickte er eine **Taube** auf Erkundung, um zu sehen, ob die Flut überstanden war.

All diese Geschichten finden wir zum ersten Mal in Babylonien, *nicht* im Alten Testament![3] Diese Geschichten fanden erheblich später Eingang in die heiligen jüdischen Schriften, sprich in die Bibel. Sie sind nicht original, sondern wurden abgeschrieben.

Deshalb ist auch die Annahme nicht zu weit hergeholt, dass das Opferlamm, das bei den Babyloniern eine so wichtige Rolle spielte, einfach übernommen wurde – genau wie die Juden die Sage von der Sintflut und die Geschichte um die Arche Noah geradezu eins zu eins abkupferten. So gelangte das Lamm als Symbol von den Babyloniern über die Juden schließlich ins Christentum.

Die späteren (christlichen) Interpretationen rund um das Lamm sind aufgepfropft und künstlich, mit der wahren Herkunft des ursprünglichen Lammes haben sie nichts mehr zu tun. Die wahre Herkunft hingegen wird sorgfältig unter Verschluss gehalten – man könnte sonst zu leicht an der Bibel irrewerden. Man könnte an dem göttlichen Ursprung dieser „heiligen Schrift" zweifeln.

Dabei ist das zum Thema Tiersymbole längst noch nicht alles. Betrachten wir des Weiteren die Taube, die uns bereits bei der Geschichte rund um die Arche in Babylonien begegnet ist.

DIE TAUBE

Die Taube im Christentum ist ebenfalls ein Überbleibsel totemistischer Verehrung.[4] Aller Wahrscheinlichkeit nach ist das Symbol Zehntausende von Jahren alt.

Im Altertum begegnen wir der Taube bei den Griechen und bei den Juden. Bei den Griechen verkörperte sie die (sinnliche) Liebe, bei den Juden symbolisierte sie Reinheit und Liebreiz.

Im Christentum behielt die Taube zunächst ihren Symbolcharakter bei, wurde aber schon bald umdefiniert. Sie stand nun für Seele, Frieden und Erlösung. Doch eines Tages schlug ihre ganz große Stunde: Die Kirchenfürsten beschlossen, die Taube solle den Heiligen Geist symbolisieren! Aus welchem Grund? Nun, eine Bibelstelle legte das angeblich nahe: „Als Jesus von Johannes dem Täufer im Jordan getauft worden war, sah er, dass sich der Himmel öffnete und der Geist wie eine Taube auf ihn herabkam." So steht es im Markus-Evangelium 1, 10. Die Kirchenfürsten übernahmen dieses Bild, die Taube machte Karriere.

Dass die Taube den Heiligen Geist, also Gott, repräsentierte, wurde auf dem Konzil von Nicäa (in der heutigen Türkei gelegen) im Jahre 325 n. Chr. offiziell sozusagen in Stein gemeißelt. Im Jahre 1745 verfügte Papst Benedikt XIV. sogar, dass die Taube die einzig zulässige Darstellungsweise des Heiligen Geistes sei.

Die römisch-katholische Kirche benutzte die Taube in der Folge jedoch auch noch für andere Motive. In Griechenland war sie einst Symbol für die körperliche Liebe gewesen; nun bestimmten die allerchristlichsten Kirchenväter, dass sie so viel wie „die geistige Liebe zu Gott" bedeutete.

Doch dabei ließ man es nicht bewenden: Tatsächlich übernahm die Taube im Christentum mehr und mehr Aufgaben. Sie kennzeichnete die Auserwählten Gottes, alle Heiligen und repräsentierte schließlich alle christlichen Tugenden. Selten wurde ein einziges Tier mit so vielen Bedeutungen versehen.

Doch halten wir den springenden Punkt fest: Die Taube als Symbol hat keinen christlichen Ursprung! Das Totemtier wurde zunächst von den Griechen und Juden adoptiert und hier mit bestimmten Vorstellungen gleichgesetzt. Erst danach gelangte sie ins Christentum, wo sie schließlich alles Mögliche bedeutete. Auch hier begegnen wir also einem Stück Heidentum.

Am geheimnisvollsten und aufregendsten ist allerdings das vorgeblich christliche Symbol des Fisches.

DER FISCH

Sie haben es vermutlich bereits erraten: Auch der Fisch ist kein christliches Symbol, sondern ebenfalls ein vermutlich weitverbreitetes Totemtier. Denn zahlreiche Urvölker lebten am Meer, an Flüssen und vom Fischfang. Trotzdem wurde der Fisch stets als typisch christlich verkauft, nicht zuletzt deshalb, weil er lange als geheimes Erkennungszeichen der Christen galt.

Dabei verwendete man den Fisch bereits in Babylonien als Geheimzeichen. Und schon die ägyptische Göttin Isis wurde stets mit dem Fisch-Zeichen identifiziert.

In der frühen christlichen Kirche wurde sogar Jesus unter anderem „der große Fisch" genannt, weil seine Geburt mit dem Beginn des Fischzeitalters zusammenfiel – eine astrologische Interpretation.

Aber betrachten wir noch einmal genauer den Fisch als geheimes Erkennungszeichen, das besonders während der Zeit der Christenverfolgungen eine Rolle spielte:

Der Fisch war im 1., 2. und 3. Jahrhundert n. Chr. ein Erkennungszeichen, an dem sich die Gläubigen wechselseitig erkennen konnten – so weiß jedenfalls die christliche Legende. Während man vom Staat und von seinen Dienern verfolgt wurde, konnte man sich gegenseitig ungefährdet als Christ zu erkennen geben, indem man

Das (I Ch th y S-)Symbol besteht aus zwei gebogenen Linien, die im Schwanz zu einem Fisch zusammenkommen.

beispielsweise wie nebenbei einen Fisch mit einem Stöckchen in den Sand zeichnete oder auf andere Art und Weise auf den Fisch aufmerksam machte.

Aber warum benutzte man gerade den Fisch?

Das griechische Wort für Fisch ἰχθύς (*ichthýs*) enthält ein kurzes, komprimiertes Glaubensbekenntnis: Ἰησοῦς Χριστὸς Θεοῦ Ὑιὸς Σωτήρ[ας]. Sprich jeder (griechische) Anfangsbuchstabe des Wortes „Fisch" bildete den Anfang eines eigenen Wortes:

Ἰ̱ΗΣΟῦΣ
Ī̱ēsous (neugr. Iisús) = Jesus
Χ̱ΡΙΣΤΌΣ
Χhristòs = Christus
Θ̱ΕΟῦ
Θheoú = Gottes
ὙΙΌΣ
Hyiós (neugr. Iós) = Sohn
Σ̱ΩΤΗΡ
Σōtér (neugr. Soteras) = Retter/Erlöser

Mit dem Wort „Fisch" konnte man also sagen: „Jesus Christus, Gottes Sohn, Erlöser!"

Das Wort enthielt ein ganzes Glaubensbekenntnis, nach dem Jesus unzweifelhaft der Messias, der Erlöser und Gottes Sohn war. Darüber hinaus wird der Fisch auch in einem der „erlaubten" Evangelien erwähnt. Hier heißt es: „Kommt her, folgt mir nach! Ich werde euch zu Menschenfischern machen." (Matthäus 4, 19) Dan Brown könnte um diese Symbolik herum ohne Weiteres einen ganzen Roman schreiben.

Clemens von Alexandria (150–215 n. Chr.) empfahl schließlich, den Fisch als Kennzeichen für die gesamte Christenheit zu übernehmen – wahrscheinlich kannte er die Historie nicht. Und auch der Kirchenlehrer Tertullian (150–220 n. Chr.) behauptete, die Christen hätten sich gern als „Fischlein" bezeichnet.

Aber all das, vergessen wir es nicht, geschah *später,* lange nach Christus.

Trotzdem wimmelte und wimmelt es im Christentum von Fischen. Die Geheimniskrämerei um das griechische Wort für Fisch machte das Symbol höchst attraktiv. Und schließlich wurde es auf zahllosen Gemälden und vielen christlichen Gegenständen abgebildet.

Jesus, falls er wirklich gelebt hat, würde sich im Grabe herumdrehen, wenn er wüsste, dass hier nur ein Totemtier benutzt wurde, das zudem schon die Babylonier als Geheimzeichen verwendet hatten. Aber nein! Er könnte sich ja nicht im Grabe herumdrehen – schließlich stand er von den Toten auf und verschwand auf Nimmerwiedersehen. Der „große Fisch" hüpfte wieder aus dem Netz.

FAZIT

Auf diese Weise könnte man einige Tiere, die in der Bibel vorkommen und später uminterpretiert wurden, auf alte heidnische Bedeutungen und Gebräuche zurückführen.

Wir lernen erneut: Historia non facit saltus – Geschichte macht keinen Sprung.

Neue Religionen, die wie ein Phönix aus der Asche geboren zu sein schienen, gründeten in Wahrheit stets auf alten Religionen, aus denen sie nicht selten sogar zusammengesetzt wurden. Sie benutzten zudem uralte Symbole, denen sie bisweilen neue Bedeutungen gaben.

So sind auch die Symbole des Christentums nicht originär, auch wenn die Kirchenväter später so taten, als seien sie einzigartig und vollständig neu. Christus wurde mit einem (Opfer-)Lamm und einem Fisch gleichgesetzt. Der Heilige Geist – immerhin durch ein Konzil gebilligt! – fand seinen Repräsentanten in einer Taube.

So viel zu zwei Teilen der Heiligen Dreifaltigkeit.

Ein letztes Mal: Unterdrückt wurde die Tatsache, dass es sich hierbei um alte Totemtiere handelte, die bereits in diversen heidnischen Kulturen verschiedene Bedeutungen besessen hatten.

Der größte Feind des Christentums ist demnach die Historie; denn sie lehrt die Menschen, Vergleiche zu ziehen, selbstständig zu denken und Fakten und Tatsachen ans Tageslicht zu fördern, die zuvor absichtlich und gewaltsam in das Dunkel des Vergessens befördert wurden.

5.
DAS KREUZ MIT DEN EVANGELIEN NACH MATTHÄUS, MARKUS, LUKAS UND JOHANNES

Studieren wir also intensiver die Geschichte und forschen wir weiter nach dem tatsächlichen, dem historischen Jesus Christus.

Man könnte in aller Naivität die Frage stellen, ob man das Leben Jesu wirklich aus den Evangelien nach Matthäus, Markus, Lukas und Johannes rekonstruieren kann.

Weiter könnte man fragen, warum man nur diese vier Evangelien lesen darf, wenn man sich für den historischen Jesus Christus interessiert.

Könnten nicht auch andere Evangelien der Wahrheit dienen? Immerhin kennen wir inzwischen zahlreiche Evangelien, die behaupten, uns über diesen mysteriösen Jesus Christus zu informieren! Wir sprechen von den geheimen Evangelien über Jesus Christus.

DIE GEHEIMEN EVANGELIEN ÜBER JESUS CHRISTUS

Geradezu verzweifelt versuchten die Großkirchen immer wieder zu diktieren, wie die Wahrheit über Jesus Christus auszusehen habe. Die geheimen Evangelien wurden schlichtweg unterdrückt. Hierzu wurden Bücher verbrannt, es wurde mit dem Höllenfeuer gedroht, mit dem Himmel gelockt, exkommuniziert, gelogen, mit Logik operiert, mit Unlogik, mit Schmeichelei, mit Heuchelei und mit Mord. Denn viele Ketzer wurden früher einfach dem Scheiterhaufen übereignet und verbrannt, nachdem man sie ordentlich gefoltert hatte – nach allen Regeln der Kunst und zur höheren Ehre Gottes, versteht sich.

Aber die Zeiten haben sich geändert. Menschen lernen mehr und mehr, selbstständig zu denken, und lassen sich nicht mehr den Mund verbieten. Sie bestehen darauf, ihren eigenen Verstand zu gebrauchen. Sie lehnen sich gegen selbst ernannte Autoritäten auf, die ihnen früher einfach über den Mund fuhren. Sie wollen sich eine eigene Meinung bilden.

Ist man aber einmal so weit, beginnt man einzusehen, dass die Argumente für den Großkirchen-Jesus, die uns jahrtausendelang vorgesetzt wurden, reichlich anfechtbar sind.

Das beginnt wie gesagt bereits bei der Auswahl der „richtigen" Evangelien. Noch einmal: Welche Logiken versuchen uns aufzuzwingen, dass nur die Evangelien nach Matthäus, Markus, Lukas und Johannes „richtig" sind? Sind sie nur deshalb „richtig", weil ein vergangener Kaiser (Konstantin der Große) einst mit der Faust auf den Tisch schlug und verlangte, es dürfe nur eine einheitliche christliche Lehre geben? Und weil sich ein paar priesterliche Autoritäten schließlich auf eine Lehre einigten? Ein paar hundert Jahre nach Christus?

Nein, so kann man mit Wahrheit nicht umgehen! Dann verkörpert sie lediglich eine autoritative Wahrheit, die von oben herab diktiert wurde und dabei höchst anfechtbar ist. Vergessen wir nämlich nicht folgende Tatsachen:

DAS EVANGELIUM NACH MARKUS

Schon das im Allgemeinen als das älteste geltende Evangelium des Markus ist beileibe nicht unumstritten.

Fragen wir zunächst: Wer war dieser Markus? Nun, ein Bischof berichtete im Jahre 130 n. Chr.:

„Markus war Dolmetscher des Petrus und schrieb sorgfältig auf, was er im Gedächtnis behalten hatte, jedoch nicht der Reihe nach, was vom Herrn gesagt oder getan worden war. Denn er selbst hatte den Herrn ja nicht gehört, noch war ihm nachgefolgt."[1]

Markus – der nach eigenen Eingeständnissen der Kirche wichtigste Zeuge – war also *kein* Augenzeuge von Jesus Christus! Aber die Absicht des zitierten Bischofs ist leicht zu durchschauen: Er stellt die angebliche Verbindung zu einem Augenzeugen her – zu Petrus.

Allerdings haben Forscher folgende verdächtige Fakten längst festgestellt:

1. Das Markus-Evangelium ist – wie alle anderen Evangelien auch – nur in griechischer Sprache verfasst. Also kann der Bezug zur Originalquelle nicht so gut gewesen sein, denn Jesus sprach nicht Griechisch. Deshalb vermutet man heute zu Recht, der Verfasser sei ein reinblütiger Grieche gewesen, wahrscheinlich mit theologischer Bildung. Das aber würde eine beträchtliche Distanz zu der Figur Jesus Christus schaffen! Vielleicht noch schwerer wiegt folgendes Argument: Von der historisch-kritischen Geschichtsschreibung wurde nie ein „Markus" entdeckt und verifiziert. Es gibt keine Anhaltspunkte dafür, wer er war und ob er tatsächlich existierte. Nicht eine

Quelle außerhalb der Bibel kannte je einen Markus. Wir wissen also bis heute nicht, wer dieser Markus war.

2. Die geografischen Kenntnisse dieses Markus sind höchst bescheiden. Der Verfasser macht sich durch beträchtliche Unkenntnis von Orten und Landschaften in Palästina verdächtig. Entweder war also er nicht so kundig – oder aber seine Quelle, aus der er schöpfte, war drittklassig. Das kann jedoch bei seiner angeblichen Quelle Petrus kaum der Fall gewesen sein. Die Vermutung liegt also nahe, dass Petrus nicht die Quelle war, aus der dieser ominöse Markus schöpfte.

3. Wunder über Wunder werden im Markus-Evangelium berichtet, während wörtliche Zitate aus Jesus' Mund selten anklingen. Ein echter Augenzeuge (wie Petrus beziehungsweise sein Verbindungsmann Markus) hätte jedoch mit Sicherheit viel mehr wörtliche Aussagen Jesus' überliefert.

Das macht das gesamte Evangelium noch verdächtiger. Wunder dagegen, so viel weiß man heute, waren allenthalben zu haben in dieser Zeit, die nach übernatürlichen Erscheinungen und Ereignissen nur so hungerte. Viele sprachen von irgendwelchen Wundern. Sie beweisen jedoch – gar nichts, denn sie begegnen uns in allen Religionen in überreicher Zahl. Das Volk war damit jedoch leicht zu beeindrucken. Immer wieder werden den Zweiflern deshalb im Markus-Evangelium Wunder vor Augen geführt, damit sie gefälligst glaubten.

4. Das Markus-Evangelium endet sehr abrupt, wird unversehens mit einem Bericht weiter fortgeführt und endet wieder. Forscher stellten zweifelsfrei fest, dass das Ende (der Bericht über die Auferstehung im Markus-Evangelium) von anderen Autoren einfach

hinzugefügt wurde. So viel hat die historisch-kritische Analyse im Nachhinein entdeckt, es wird heute von niemandem mehr ernsthaft bestritten. Heutzutage kann man mittels Computer beispielsweise die Vorliebe für bestimmte Verben und Adjektive mathematisch exakt bestimmen oder den Satzbau eines Autors genau durchleuchten. Und so steht inzwischen zweifelsfrei fest, dass der Schluss des Markus-Evangeliums nicht vom ursprünglichen Autor stammt. Es wird jedoch von den Großkirchen so getan, als ob das Markus-Evangelium nur von einem Autor verfasst worden wäre. Mit anderen Worten: Wir haben es hier mit einer lupenreinen Fälschung zu tun. Das entwertet natürlich das gesamte Markus-Evangelium.

5. Nicht zu vergessen: das Zeitargument. Aller Wahrscheinlichkeit nach entstand das Markus-Evangelium ca. 70 Jahre nach Christi Geburt. Das ist eine ziemlich lange Zeit! Heute werden Fakten innerhalb eines einzigen Tages geändert und zu einem erstaunlichen Lügengebräu vermischt. Nun stelle man sich eine so lange Zeitspanne vor, 70 Jahre! In so einem langen Zeitraum kann alles abgeändert werden. Stellen Sie sich vor, man berichtet über Karl den Großen lange nach seinem Tod. Während einer Periode also, da die Tugenden der Geschichtsschreibung nicht im Geringsten entwickelt sind und wo Wahrheit keinen Pfifferling wert ist! Man würde einem solchen Bericht mit äußerster Skepsis begegnen, speziell wenn der Berichterstatter ein Anhänger Karls gewesen wäre! Nun stelle man sich weiter vor, dass hier ein fanatischer Theologe die Feder führte, der seine Schäfchen überzeugen und auf der Weide halten wollte, eben mit dem Markus-Evangelium! Wie viel „Wahrheit" könnte man erwarten?

Unser frommer Bischof, der behauptete, Markus sei Petrus' Dolmetscher gewesen, gab sein Statement sogar 130 Jahre nach Christi

Geburt ab. 130 Jahre nach den Ereignissen! Wie viel ist so ein Zeugnis wert? Nun, nicht viel. Es wurde einfach zu spät ausgestellt. Man kann diesem frommen Bischof nicht glauben; ganz zu schweigen von dem Umstand, dass er zur höheren Ehre Gottes sicherlich alles Mögliche behauptet hätte.

DIE GLAUBWÜRDIGKEIT DES MARKUS-EVANGELIUMS

Der Kronzeuge für Jesus war also aller Wahrscheinlichkeit nach nicht die Person, für die andere fromme Kirchenväter sie später ausgaben. Zudem verraten seine geografischen Kenntnisse Unzuverlässigkeiten, und er wurde am Schluss von anderen unbekannten Schreiberlingen abgelöst, die als „Markus" durchgehen sollten.

Wiederholen wir: eine klare Fälschung der Autorenschaft! Zu welchem Urteil müssen wir kommen?

Nun, im Griechischen trägt das Markus-Evangelium den Titel εὐαγγέλιον κατὰ Μάρκον (euangélion katà Mãrkon). Wörtlich übersetzt heißt das „Gute Nachricht nach Markus" (Evangelium = gute Nachricht). Gestatten wir uns eine leise Ironie: Das Markus-Evangelium müsste man eigentlich umbenennen in „Schlechte Nachrichten über Markus". Man kann dem Markus-Evangelium keinen Glauben schenken, speziell nicht wegen des zeitlichen Argumentes.

Doch wie steht es um unseren nächsten Kronzeugen?

DAS EVANGELIUM NACH MATTHÄUS

Auch dieses Evangelium ist höchst zweifelhafter Natur. Schon der Titel *Evangelium nach Matthäus* ist eine nachträgliche Einfügung und suggeriert, dass es sich hierbei um einen Augenzeugen-Bericht eines Apostels handelt, um den Bericht des Apostels Matthäus.

Doch längst wurde diese Behauptung in der Luft zerrissen:

1. Das Matthäus-Evangelium stützt sich nachweislich auf das Markus-Evangelium: Der Verfasser schrieb von Markus nach allen Regeln der Kunst ab. Seine Entstehung lässt sich zeitlich später einordnen als der Markus-Bericht. Nun müsste aber ein echter Jünger Jesu, ein Apostel, nicht von anderen abschreiben, seine Schrift wäre im Gegenteil authentischer. Er müsste (als Augenzeuge) keinen Nicht-Augenzeugen zitieren. Dieser Umstand allein entlarvt die Lüge, es handele sich hier um einen Apostel.

2. Sorgfältigste Forschung brachte zutage, dass das Matthäus-Evangelium etwa in den neunziger Jahren des 1. Jahrhunderts n. Chr. entstand. Wäre Matthäus ein Jünger Jesu gewesen und nur etwas älter als dieser, hätte er dieses Evangelium als neunzig- oder hundertjähriger Greis verfasst. Wer will das glauben? Das Durchschnittsalter in diesen barbarischen Zeiten betrug dreißig bis vierzig Jahre, man starb gewöhnlich früh.

3. Und erneut disqualifiziert die griechische Sprache den Bericht. Das Matthäus-Evangelium ist in Griechisch verfasst, ein aramäisches Ur-Evangelium wurde nie gefunden. Es existieren keinerlei Reste, Zitate, Papyrus-Schnipsel oder gar eine Handschrift.

4. Heutzutage hält beinahe die ganze seriöse Bibelforschung den Apostel Matthäus nicht für den Verfasser, sondern glaubt, bei der Behauptung, ein Augenzeuge habe hier berichtet, handele es sich um eine faustdicke Lüge.

DIE GLAUBWÜRDIGKEIT
DES MATTHÄUS-EVANGELIUMS

Ein Augenzeuge, der keiner sein kann, sollte hier zum Augenzeugen hochstilisiert werden. Es wurde falsches Zeugnis abgelegt, wie das in der Sprache der Zehn Gebote hieße. Noch deutlicher gesagt: Es wurde über die Autorenschaft frech gelogen. Wenn aber schon die Autorenschaft nicht stimmt, wie weit kann man dann den Inhalten trauen?

Ferner fehlt auch hier die zeitliche Nähe, ja sie ist hier sogar noch weniger gegeben als im Falle des Markus-Evangeliums.

Das Matthäus-Evangelium ist also völlig unbrauchbar, um herauszufinden, wer Jesus wirklich war und was sich damals tatsächlich zugetragen hat.

DAS EVANGELIUM NACH LUKAS

Betrachten wir den nächsten Evangelisten: Lukas. Das Evangelium entstand zwischen 85 und 90 n. Chr. – es klafft also erneut eine große zeitliche Lücke. Angeblich handelte es sich bei Lukas um einen Begleiter des Paulus, so die christlichen Großkirchen.

Aber auch in diesem Fall sind die Gegenargumente erdrückend:

81

1. Lukas berichtet nicht nur falsch über die verschiedenen Paulus-Reisen, sondern es findet sich in seinen Schriften auch nichts von der typisch paulinischen Theologie. Wie kann man es also wagen, von einem Begleiter des Paulus zu sprechen?

2. Auch Lukas kennt sich in der Geografie Palästinas, des Heiligen Landes, nicht aus. Das entwertet seine Aussagen.

3. Schließlich war Paulus kein Augenzeuge von Jesus Christus. Selbst *wenn* Lukas also ein Begleiter des heiligen Paulus gewesen wäre – was unwahrscheinlich ist –, so wäre sein Zeugnis nichts wert. Paulus hatte lediglich eine Erscheinung von Christus. Der Bericht wäre also bereits durch zu viele „Filter" gelaufen.

DIE GLAUBWÜRDIGKEIT
DES LUKAS-EVANGELIUMS

… braucht deshalb nicht einmal diskutiert zu werden.

Es ist aufgrund der zeitlichen Entfernung und der Paulus-Fragwürdigkeiten *völlig* bedeutungslos. Gesunder Menschenverstand legt nahe, dass es sich hierbei ebenfalls um eine Fälschung handelt.

Doch wie steht es um das Evangelium nach Johannes?

EVANGELIUM NACH JOHANNES

Auch dieses Zeugnis können wir vergessen! Vollmundig ließen die Großkirchen verlauten, der Autor dieses Evangeliums sei der Apostel Johannes gewesen – also ein echter Augenzeuge! Und ja, zugegeben: Der Verfasser dieses Evangeliums behauptet, er habe die Ereignisse „... gesehen". Weiter betont er, die „Wahrheit" zu sagen, und dass sein „Zeugnis wahrhaftig sei". Aber die Fakten sehen folgendermaßen aus:

1. Man weiß heutzutage mit unumstößlicher Gewissheit, auch im Kreise der Großkirchen, dass dieses Evangelium um rund 100 n. Chr. verfasst wurde. Es stehen uns ganz andere physikalische und chemische Methoden zur Verfügung als früher, um das Alter einer Schrift zu bestimmen, ganz abgesehen von den historischen Vergleichsmöglichkeiten.

2. Johannes, der Apostel Jesu, *kann* also nicht der Autor gewesen sein. Der Verfasser lügt. Und die Großkirchen mit ihm, wenn sie an seiner Autorenschaft festhalten.

3. Abermals hat das Evangelium kein Augenzeuge geschrieben. Doch wenn ein Autor so frech lügt, bis zu welchem Grad kann man dann seinen anderen Aussagen vertrauen? Richtig! Man kann ihnen nicht den geringsten Glauben schenken.

DIE GLAUBWÜRDIGKEIT DES JOHANNES-EVANGELIUMS

... ist also gleich null. Wir haben es erneut mit einem Schwindelbericht zu tun. Das Johannes-Evangelium taugt nichts. Wir können es vergessen, wenn uns wirklich an der Wahrheit gelegen ist.

Was bedeutet das generell?

FAZIT

Die Glaubwürdigkeit der Evangelien nach Markus, Matthäus, Lukas und Johannes ist gering, sie hält einer historisch-kritischen Betrachtungsweise nicht stand. Die Wahrscheinlichkeit, dass es sich um ehrliche Berichte handelt, liegt unserer Einschätzung nach bei allenfalls zwei Prozent. Mit 98-prozentiger Sicherheit handelt es sich um dreiste Lügen, die mit der Absicht geschrieben wurden, die Gläubigen zum Christentum zu bekehren oder sie bei der Stange zu halten.

Diese Evangelien richten sich zum Teil auch höchst raffiniert an unterschiedliche Zuhörer: Im Lukas-Evangelium etwa wird der Wert der Armen besonders betont, Reiche hingegen schneiden nicht gut ab. Andere Evangelien zielen punktgenau auf die Heidenchristen, die man ganz anders angehen musste als die Judenchristen.

In modernem Managementjargon würde man sagen: Die verschiedenen Zielgruppen wurden mit diesen Evangelien sorgfältig ins Visier genommen und sollten durch all die Wunder unermesslich beeindruckt werden. Aber Wunder gibt es in fast allen Religionen – zuhauf und gratis.

Zudem sollte durch die Betonung einer höheren Ethik der Zuhörer gewonnen werden. Doch eine höhere Ethik führten auch Buddha, Lao-Tse, Konfuzius und hundert andere Propheten und heilige Männer ein; sie allein macht aus einer Person noch keinen Gott. Sie ist zwar begrüßens- und wünschenswert, wir sollten vor solchen Anstrengungen den Hut ziehen, sie achten und hochschätzen, aber wenn im Namen einer solch höheren Ethik gelogen wird, dass sich die Balken biegen, ist sie verachtenswert.

Auch der Bericht über die Kreuzigung und die Auferstehung beeindruckt nicht besonders, denn Kreuzigungen waren im Römischen Reich gang und gäbe. Sklaven etwa wurden gern gekreuzigt, wenn sie sich gegen ihre Herren aufgelehnt hatten. Die Geschichte kennt Zehntausende von Kreuzigungen. Und Auferstehungen sowie Himmelfahrten begegnen uns schon bei den alten jüdischen Propheten, ferner im indischen Raum in reicher Zahl sowie in der ägyptischen Religion. Verpackt wurden diese „heiligen" Berichte jedoch in einem beeindruckenden Stil:

„Und es geschah, dass ein Kindlein geboren ward, das nicht schrie, sondern lächelte, als es aus dem geheiligten Leib der Gottesmutter trat. Im Augenblick der Geburt erschien ein Licht am Himmel, das alles überstrahlte und das Firmament aussehen ließ wie tausend Engelszungen."

Sie verstehen? Die obigen Zeilen sind frei erfunden, sie stehen so nicht im Neuen Testament. Mit anderen Worten: Man kann sich einen solchen Stil aneignen, man kann ihn kopieren, man kann ihn fälschen, ohne Probleme. Alles muss lediglich voller Erscheinungen sein, und Engel sollten sich überall in reicher Zahl tummeln. Auch sollte eine solche Schrift den Geruch der Heiligkeit atmen. Und Wunder sollten uns ebenfalls auf Schritt und Tritt begegnen. Genauso hilfreich sind ein paar kräftige Flüche gegen die Ungläubigen und umgekehrt das Versprechen, dass der Gläubige mit dem ewigen Leben belohnt werde. Weiter sollte man die „Wahrheit" des eigenen Berichtes ständig betonen. Und schon kann man alles Mögliche schreiben und behaupten!

Ist man aber einmal misstrauisch geworden, was den erhabenen Stil angeht und die sich ständig wiederholenden Inhalte und Klischees, und versteht man darüber hinaus etwas von Fälschungstechniken – also von den Methoden, wie gelogen wird –, verlieren solche Berichte und Evangelien endgültig ihre Kraft.

Was aber bedeutet das für unser Thema, was heißt das in Bezug auf Jesus Christus?

WAS WIR WIRKLICH ÜBER JESUS CHRISTUS WISSEN

Ziehen wir nur die Evangelien nach Markus, Matthäus, Lukas und Johannes zurate, so erfahren wir herzlich wenig über Jesus Christus.

Die besonderen Umstände seiner Geburt sind reine religiöse Klischees, von der Erscheinung der Engel bis hin zur jungfräulichen Geburt. Über die Kindheit und Jugend Jesu erfahren wir gar nichts. Später wird berichtet, dass er predigend durch die Lande zog und zahlreiche Wunder tat – erneut ein religiöses Klischee. Schließlich wurde er gekreuzigt und danach fuhr er auf in den Himmel. Die Himmelfahrt ist abermals eine vielfach vorexerzierte religiöse Geschichte, die sich genauso in anderen, früheren Religionen findet.

Kurz gesagt begegnen wir verdächtig vielen religiösen Klischees, echte Substanz fehlt. Uns wird lediglich eine fantastische Aneinanderreihung von Allgemeinplätzen berichtet, was uns aufhorchen lässt.

Der eigentliche Jesus Christus, falls es ihn gab, bleibt trotz oder gerade wegen dieser vier Evangelien seltsam irreal. Es gibt da kaum etwas zum Anfassen, er gleitet uns gewissermaßen immer wieder durch die Finger. Er ist zu perfekt. Obwohl sich die Verfasser unermüdlich darum bemühen, ihren Berichten Wahrhaftigkeit einzuhauchen, indem sie Zeugen anführen oder behaupten, selbst

Augenzeuge gewesen zu sein, verstricken sie sich in ihrem eigenen Lügennetz, das zumindest der Intellektuelle recht leicht zerreißen kann.

Das Neue Testament, zu dem die vier Evangelien nach Markus, Matthäus, Lukas und Johannes (und einige Schriften mehr) später zusammengefasst wurden, verrät uns also wenig über diesen Jesus. Die Quellen taugen nicht viel, wenn man sie näher untersucht und seinen Verstand gebraucht. Sie sind unglaubwürdig. Wir erfahren lediglich, dass hier mit Zähnen und Klauen ein Glaube verteidigt wird. Über Jesus Christus bekommen wir fast nichts heraus, abgesehen von den herkömmlichen religiösen Klischees, die jedoch jeder Originalität entbehren und denen man auch deshalb misstrauen muss, weil die zeitliche Nähe fehlt.

Noch einmal: Wir wissen über Jesus Christus – gar nichts.

Wir wissen jedoch, dass man jahrhundertelang geschmäht und verfolgt wurde, tat man diese Berichte als Lügenmärchen ab. Man wurde verbrannt, gefoltert, gesotten und gebraten, exkommuniziert und ausgestoßen aus der „allein seligmachenden" Kirche, wenn man den Worten dieser vier Evangelisten nicht glaubte.

Und so könnte man sich herrlich empören und von der denkbar größten Ungeheuerlichkeit sprechen, man könnte diese intellektuelle Unverschämtheit kriminell nennen und sich monatelang ereifern. Doch es würde uns wenig nützen, jedenfalls wenn wir der Wahrheit hinterherjagen und herauszufinden versuchen, wer Jesus Christus wirklich war.

Stoßen wir also lediglich einen Seufzer aus – einen Seufzer über Priester – und suchen wir weiter. Nehmen wir jetzt diese *apokryphen* (griech. = geheimen) Evangelien ins Visier, auch und gerade weil sie von den Großkirchen immer wieder verboten wurden. Untersuchen wir einige dieser „verbotenen Evangelien", die von Jesus berichten. Vielleicht werden wir hier ja eher fündig.

Was erfahren wir hier über Jesus Christus?

6.
DER QUMRAN-SKANDAL
ODER DIE AUFSEHENERREGENDEN
FUNDE AM TOTEN MEER

Werfen wir zunächst einen Blick auf die Zeugnisse, die einst am Toten Meer gefunden wurden. Sie erregten ehemals die halbe Welt.

Weitgehend bekannt ist heute, dass vor rund einem halben Jahrhundert weitere Schriften aufgefunden wurden, die theoretisch über das frühe Christentum und damit über Jesus Christus hätten Auskunft geben können. Sie wurden als die Schriftrollen vom Toten Meer oder die Qumran-Texte klassifiziert.

Die Aufregung war so groß, da zumindest die Möglichkeit bestand, dass dadurch neue Informationen über diesen mysteriösen Jesus bekannt würden. Vielleicht konnten sie ein ganz anderes Licht auf die größte Religion der Welt werfen.

Khirbet Qumran, eine antike Siedlung am Nordwestufer des Toten Meeres, bedeutet im Arabischen „die graue Ruine". Einige Überbleibsel dieser Siedlung sind erhalten, noch heute kann man sie besichtigen. In den Jahren 1947 bis 1956 wurden in elf Felshöhlen in der Nähe dieser Siedlung verschiedene Schriftrollen gefunden. Archäologen wurden vom Fieber gepackt. Hier war nicht nur wissenschaftliche Reputation zu erwerben, sondern die gesamte Weltpresse wurde auf die Ausgrabungen aufmerksam. Möglicherweise könnte man sich auch bereichern – es ging auch um Geld, ja vielleicht sogar um sehr viel Geld. Später stellte sich heraus, dass Unsummen den Besitzer gewechselt hatten. Und so machten sich nacheinander verschiedene Teams daran, die Gegend um Qumran genauestens zu untersuchen, jeden Stein umzudrehen und den Felsen ihre Geheimnisse zu entreißen. Als die Öffentlichkeit von den ersten Schriftrollen erfuhr, brach eine regelrechte Hysterie aus. Doch es wurden nur bestimmte Inhalte dieser Funde der Öffentlichkeit vorgestellt. Bis zum Jahr 1994 – man muss es sich wirklich vor Augen halten! – lagerten diese hochbrisanten Funde in Paris, völlig ungeordnet, obwohl prinzipiell für 2,3 Milliarden Christen nichts hätte wichtiger sein können.

Natürlich wurde der Fundort regelrecht wie ein Gold-Claim abgesteckt. Es wurde mit juristischen Tricks gearbeitet, nicht jeder Archäologe durfte hier in der Erde nach (religiösen) Schätzen wühlen. Der Leiter des ersten Grabungsteams, Roland de Vaux, hatte eine Zeit lang die Nase vorn. Er stellte die These auf, Qumran sei eine Art Kloster gewesen. Eine religiöse Sekte, die Essener, hätten hier ihre Schriften gesammelt und in Höhlen deponiert, um sie vor den Römern zu schützen.

Die Essener? Diese jüdische, streng religiöse Gruppierung stand im strikten Gegensatz zu den traditionellen jüdischen Schriftgelehrten. Über die Bedeutung des Namens streiten sich die Gelehrten. Einige Wissenschaftler vermuten, das Wort leite sich von dem hebräischen Begriff *hasidim* her, was so viel wie „die Frommen" bedeutet. Verschiedene Quellen berichten, die Essener hätten zölibatär und ohne Geld und Besitztum gelebt. Sie seien in Dörfern heimisch gewesen, hätten Städte gemieden und weder Schiffe noch Sklaven besessen. Zudem seien sie sehr friedvoll gewesen, hätten das Gebot der Nächstenliebe wirklich ernst genommen und weiße Kleider getragen. Einige andere Quellen behaupten, „die Frommen" hätten viel gebetet, gesungen und sich als Heiler betätigt.

Und in der Tat enthalten einige Qumran-Schriften Regeln über das richtige Leben sowie Aufzeichnungen über eine gemeinsame Kasse, gemeinsame Mahlzeiten und so weiter – alles Indizien für eine Bruderschaft.

Es fanden sich allerdings auch Frauengräber. Und das führten andere Archäologen als Hauptbeweis dafür an, dass es sich nicht um die Essener gehandelt haben könne, da sie doch von „Weibern" Abstand gehalten hätten. Die Münzfunde passten ebenfalls nicht recht zu der Essener-These, die ja von Geld und Besitztum nichts hatten wissen wollen.

Und so gab es zahlreiche andere Vermutungen: Vielleicht hatte hier nur eine alte jüdische Gemeinde gelebt? Vielleicht handelte es sich um eine Kopistenwerkstatt? Oder war man vielleicht nur auf eine Sondergruppe der Essener gestoßen, die sich hier ihre eigenen Regeln geschaffen hatten? Die Herren Wissenschaftler bekämpften sich jedenfalls bis aufs Blut. Jeder wusste alles, und alle wussten alles besser.

Aber wovon handeln die Schriftrollen eigentlich?

VERRÄTERISCHE INHALTE

Die Wahrheit über die Schriftrollen vom Toten Meer sickerte nur langsam durch, bestenfalls tröpfchenweise. Vieles war spektakulär. Die Schriftrollen enthielten unter anderem Texte, die Geschichten aus dem Alten Testament wiederholten. Es wurden rund 15000 Fragmente entdeckt, die zu etwa 850 Rollen gehörten. Mindestens 500 verschiedene Schreiber hatten sie zwischen 250 v. Chr. und 40 n. Chr. niedergeschrieben. Damit handelte es sich um die ältesten Handschriften der Bibel, und das versetzte einige Theologen in hochgradige Erregung. Fest stand: Es ging um einen Jahrhundertfund. Als auch Texte aufgefunden wurden, die theoretisch mit dem Neuen Testament in Zusammenhang stehen konnten, realisierte man in den verschiedenen Lagern, dass es um alles oder nichts ging.

Die meisten Rollen bestanden aus Pergament, zu deren Herstellung Ziegen- oder Schafsleder benutzt worden war. Aber auch Kupferblech und Papyrus hatten als Schreibmaterial gedient. In (zumeist) hebräischer, aber auch in aramäischer und sogar in griechischer Sprache enthüllten diese heiligen Texte verschiedene religiöse Geheimnisse. Die alten Propheten Jesaja und Ezechiel standen gewissermaßen von den Toten wieder auf und berichteten, was Gott angeblich diktiert hatte. Es gab Psalmen, Regeln, Gemeindeordnungen, Segenssprüche, Hymnen, Kalendertexte, Weisheitstexte, Verträge, Geschäftsaufzeichnungen, gottesdienstliche Texte, Beschwörungen, ein Schatzverzeichnis und Gebete. Man fand Nacherzählungen, Deutungen und Fortschreibungen der Geschichten des Alten Testamentes und noch viel mehr, sogar magische und astrologische Texte. Aber es existierten wie gesagt auch einige Texte, die in Richtung Neues Testament wiesen.

All diese verschiedenen Texte konnten nicht nur einer Gruppierung zugeschrieben werden, nicht nur den Essenern.

Und eines Tages schlug die große Stunde. Es wurde hochbrisantes Material entdeckt: In einer Schriftrolle, einer Gemeinderegel, wurde der Gegensatz zwischen Gut und Böse sowie zwischen Licht und Finsternis beschrieben. Das deutete auf einen persischen Einfluss hin. Für diese These sprach auch, dass eine sogenannte Kriegsrolle (= einer der Qumran-Texte) auf einen Krieg zwischen den „Kindern des Lichts und der Finsternis" abhob. Stimmen wurden laut, die auf die enge Verknüpfung der jüdischen und christlichen Theologie mit dem Mithrasglauben und dem zarathustrischen Bekenntnis hinwiesen, also mit den beiden großen religiösen Strömungen im alten Persien, wo es diese Betrachtungen schon ein paar Tausend Jahre vor dem Christentum gegeben hatte. War das Judentum bzw. das Christentum einfach nur abgekupfert worden?

Schließlich wurde es noch aufregender: Man entdeckte Anmerkungen über den Messias. Die Herren in Rom wurden hellhörig. Im Vatikan schliefen einige Priester eine Zeit lang sehr schlecht. Aufruhr tobte hinter den Kulissen. Es konnte, es durfte nicht sein, dass das Neue Testament eine neue Interpretation erfuhr. Schließlich hatte man sich rund 2000 Jahre darum bemüht, die Lehre Christi in Stein zu meißeln.

Doch was wurde denn eigentlich in den Qumran-Rollen über den Messias berichtet? Der Messias wurde hierin als oberster Feldherr bezeichnet, dabei aber nicht ausgeführt, um wen es sich bei diesem Messias handelte. Der Name Jesus Christus fiel nicht, sondern lediglich ein Stein vom Herzen des Oberpriesters in Rom. Gott sei Dank! Den Namen Christus suchte man in den Qumran-Texten vergebens.

Damit waren die vatikanischen Ängste jedoch beileibe noch nicht ausgestanden. In einer anderen Rolle wurde auf einen künftigen „Lehrer der Gerechtigkeit" verwiesen, der „Worte aus dem Mund Gottes" sprechen werde und dem die „Summe aller Mysterien der Propheten" kundgetan worden sei. Ein Endzeitprophet! Ihm gegenüber würde es einen „Mann der Lüge" geben, einen „Lügenprediger". Aber auch in diesem Fall fiel der Name Jesus nicht. Im Vatikan machte sich erneut Erleichterung breit. Einige Optimisten glaubten, man sei noch einmal davongekommen – zu früh.

Spekulationen schlugen höchste Wellen. Einige Bibel-Autoritäten setzten den „Lehrer der Gerechtigkeit" mit Johannes dem Täufer gleich, andere neutestamentliche Koryphäen wiesen darauf hin, dass es sich bei ihm durchaus auch um Jesus handeln könnte. Möglicherweise war also doch von Jesus Christus die Rede, zumindest aber von einer Art Christus, jedenfalls unbestritten von einem Messias. Das war gelinde gesagt fatal.

Einige vorwitzige Gelehrte versuchten, ohne Erlaubnis der Kirchenfürsten Bezüge zum Neuen Testament herzustellen. Und sie entdeckten tatsächlich verschiedene höchst verdächtige Vokabeln. Einige Texte sprachen von den „Armen im Geiste" – ein Ausdruck, der dem Neuen Testament nicht fremd ist. Bisweilen war von einer Auferstehung die Rede, aber am heikelsten war, dass in den Qumran-Texten immer wieder ein Messias erwähnt wurde.

In Rom berief man mehrere Notstandssitzungen ein. Die Vertreter der etablierten Großkirchen zitterten: Die Qumran-Texte waren ein regelrechter Generalangriff auf ihren Glauben!

Gleichzeitig wurde hinter den Kulissen geschachert, wie es vielleicht nur armenische Teppichhändler können.

Was geschah mit den Texten?

HOCHHEILIGE GESCHÄFTE

Zu Beginn ging man mit den Texten nicht besonders sorgfältig um. Es bildeten sich zudem früh Legenden. Angeblich waren die Schriftrollen vom Toten Meer zunächst von einem Hirten entdeckt worden, als er nach einer entlaufenen Ziege suchte. Bis heute kursieren solche Geschichten, auch weil sie dem Verkauf förderlich sind und die Fantasie beflügeln.

Sehr viel konkreter waren hingegen die Taten oder besser Untaten eines Syrers namens Khalil Iskander, der 1947 einige dieser wertvollen Schriftrollen kaufte, um daraus Sandalensohlen zu fertigen.

Wie praktisch doch einige Menschen denken können!

Khalil Iskander grub offenbar auch auf eigene Faust weiter und entdeckte schließlich einige Pergamente, die er zum Verkauf anbot.

Verschiedene Dokumente wurden einem Kloster übereignet, angeblich für bescheidene 97 Dollar. Andere wurden schnell wieder versteckt, da inzwischen die jordanischen Behörden hellhörig geworden waren: Lag Qumran nicht auf ihrem Grund und Boden? Hatte man folglich nicht ein Anrecht auf diese heiligen Rollen? Die hohe Politik schaltete sich ein und machte die Konfusion perfekt. Längst aber befanden sich einige Rollen, hochbrisantes Material, im Besitz privater Händler.

1948 wurde ein Teil der Rollen für die unweltliche Summe von 1 Million Dollar zum Verkauf angeboten. Ein anderer Teil verschwand in einem Schließfach in den Vereinigten Staaten. Die Israelis tobten, die Jordanier ebenfalls. Auf beiden Seiten wollte man einen Teil vom Kuchen abhaben. Doch es war bereits zu spät.

300 000 Dollar wurden schließlich für die Rollen Samuels gezahlt, eines anderen Qumran-Textes. Ein anonymer Spender bezahlte das Geld, um die Rollen der Hebräischen Universität zukommen zu lassen. Selbstredend gibt es aber hierzu verschiedene Behauptungen und Lesarten, wir folgen an dieser Stelle beispielsweise nicht Wikipedia.

Sogar John D. Rockefeller jun. schaltete sich ein. Spätestens ab diesem Zeitpunkt horchte man weltweit auf. Superreiche, Museen, Staaten und Archäologen schlugen sich hinter den Kulissen um den Besitz der Rollen. Mehrmals wechselten viele Hunderttausende von Dollar den Besitzer. Ein Krimi, der dieses Spektakel genauer beschreibt, steht noch aus.

PUBLIKATIONSFEHDEN

Auch auf dem Feld der Wissenschaft bekleckerte man sich nicht mit Ruhm. In der Folge erschienen verschiedene Publikationen, wobei jeder Herausgeber, Verleger oder Autor für sich in Anspruch nahm, als Einziger über den Stein der Weisen zu verfügen. Konkret ging es um das Recht der richtigen Interpretation.

Selbst ein internationales Herausgeber-Team unter Roland de Vaux „mit bestem Ruf" machte sich einiger Unregelmäßigkeiten schuldig, jedenfalls wenn man den Anklagen der Autoren Michael Baigent und Richard Leighs Glauben schenkt.[1]

Verschiedene Fraktionen unter den Wissenschaftlern stachen und hieben aufeinander ein. Es wurde deutlich, dass sich der Vatikan hinter den Kulissen längst in dieses Scharmützel eingemischt hatte.

Eine Fraktion verwies darauf, dass der in den Qumran-Rollen erwähnte „Lehrer der Gerechtigkeit" zumindest dem Typus eines Jesus Christus entsprach. Erneut flammte die Debatte hitzig auf. Wenn es gewissermaßen einen Prototyp zu Jesus Christus gab, dann war das eine mittlere Katastrophe. Dadurch geriet die Einzigartigkeit des Großkirchen-Jesus in Gefahr. Es käme einem Erdbeben gleich, sollte es ein Urbild, ein Vorbild oder ein Muster für Jesus Christus geben. Warum? Nun, gäbe es ein Vorbild zu Jesus Christus, geriete damit – in moderner Marketingsprache gesprochen – das Alleinstellungsmerkmal Christi in Gefahr. Wenn es viele Christus-Figuren gegeben hatte, dann war Jesus Christus vielleicht gar nichts Besonderes mehr. Von einem Gott konnte dann keine Rede mehr sein. Das konnte den allein seligmachenden Anspruch völlig vernichten![2]

Wiederholen wir: Die Einzigartigkeit des Großkirchen-Jesus stand zur Debatte – und darauf beruhte das gesamte Gebäude des Katholizismus und des Protestantismus.

2000 Jahre nach Christus wurden also erneut die denkbar erbittertsten Schlachten wegen dieses Jesus Christus geschlagen.

DIE ROLLE DES VATIKANS

Nun könnte man in aller Naivität fragen, ob Wissenschaftler von Haus aus nicht zur Neutralität verpflichtet sind.

Geschickt hatte der Vatikan von Anfang an ein „neutrales", „objektives" und „hochrenommiertes" Wissenschaftsteam unter Roland de Vaux ins Rennen geschickt, dem mehrere „unabhängige" Wissenschaftler zur Seite traten. Dann stellte sich jedoch heraus, dass Roland de Vaux ein Pater war. Der leitende Wissenschaftler stand auf der Gehaltsliste des Vatikans! Von Neutralität keine Spur! Natürlich wurden die Funde von ihm so interpretiert, dass sie Rom nicht wehtaten. Ihre Brisanz wurde heruntergespielt und Gegner einfach abgebügelt. Pater de Vaux geriet ins Zwielicht. Die unglaublichen Verzögerungen bei den Veröffentlichungen – undenkbar in der normalen wissenschaftlichen Welt – ließen ihn nicht mehr objektiv erscheinen.

Zudem geschah das Ungeheuerliche: Einer der Wissenschaftler um Pater Roland de Vaux scherte unversehens aus. John Marco Allegro, ein Mann mit untadeligem wissenschaftlichem Ruf, war plötzlich nicht mehr dazu zu bewegen, de Vaux brav und artig alles nachzubeten oder diesem „hochrenommierten" Team, hinter dem gesehen oder ungesehen stets Rom stand. Im Gegenteil: Er griff Roland de Vaux, den Leiter des Teams, frontal an und legte eine eigenständige Interpretation der Qumran-Texte vor.

Was folgte, war eine Schlacht. „Das katholische Establishment, besonders in Frankreich und in den Vereinigten Staaten, eröffnete ein regelrechtes Kesseltreiben."[3] Allegro geriet unter Beschuss. Als der unabhängige Wissenschaftler auch noch öffentlich verlautbarte, bestimmtes Forschungsmaterial sei regelrecht unterdrückt worden, bekam er es mit der geballten Macht der katholischen Kirche zu tun. Man schmähte und schnitt ihn auch in wissenschaftlichen

Kreisen. Erst jetzt wurde selbst dem naivsten Zuschauer klar, dass hinter vielen „wissenschaftlichen" Zirkeln Rom stand.

Und was behauptete Allegro?

Nun, die Fraktion um Pater de Vaux bemühte sich nach allen Regeln der Kunst, die Qumran-Gemeinde vom Christentum abzugrenzen. Nach de Vaux handelte es sich hier nur um eine unwichtige Randgemeinde, der offensichtlich keine große Bedeutung zukam.

Allegro seinerseits zeigte unnachgiebig die Parallelen zum Christentum auf. Er behauptete, der Ursprung des Christentums sei in den Qumran-Rollen wiederentdeckt worden. Konkret erklärte er, sowohl das Abendmahl als auch Teile des „Vaterunser" sowie die Lehren Jesu hätten in der Gemeinschaft von Qumran ihren Ursprung.

Im Grunde aber ging es immer nur um die Einzigartigkeit Jesu, die durch die Qumran-Texte eindeutig erschüttert worden war. Denn offenbar hatte es schon im Jahre 100 v. Chr. Lehren gegeben, die verdächtig nahe an das Neue Testament und damit an Jesus Christus heranreichten.

Die Weltpresse schaltete sich ein, der Skandal war perfekt.

Natürlich versuchte man auf katholischer Seite, das Ganze herunterzuspielen. Das alte Verwirrspiel griff Platz, die Menschen mit komplizierten theologischen Ausdrücken davon abzuhalten, selbstständig zu denken, oder aber die Aufmerksamkeit auf völlige Nebensächlichkeiten zu lenken, die mit dem Kernpunkt der Diskussion nicht das Geringste zu tun hatten.

Der Kernpunkt aber war die Frage: Gab es vor Christus schon einen anderen Christus? Handelte es sich beim Neuen Testament nur um eine religiöse Strömung, die schon lange vor Christus existierte? War Jesus Christus so einzigartig gar nicht?

Der Thron eines Gottes wackelte. Und mit ihm der Thron des Papstes in Rom.

Allegro veröffentlichte ein Buch, das sich allein in den ersten 17 Tagen 40 000-mal verkaufte. In der Folge erschienen 19 Auflagen.

Das Neue Testament wurde unwichtig, die Qumran-Rollen bedeutsam.

Allegro konstatierte über das Neue Testament: „Das Neue Testament ist … [eine] Ansammlung vielfach überarbeiteter Traditionen, deren Beweiskraft vor einem Gericht keine zwei Minuten standhalten würde."[4]

Im Vatikan biss man vor Wut ins Kreuz.

Allegros Argumentation war so leicht nicht auszuhebeln. Die Einzigartigkeit Jesu Christi stand auf Messers Schneide.

DER KAMPF DER FRAKTIONEN

Unversehens schaltete sich der Staat Israel ein. Hinter den Kulissen wurde heftig debattiert, auf welche Seite man sich schlagen sollte. Doch in Israel kniff man. Denn kurz zuvor hatte ein Papst (Johannes XXIII.) die Juden von der Schuld an Jesus' Tod freigesprochen. Nach 2000 Jahren! Aber immerhin. Dem Antisemitismus wurde damit ein empfindlicher Schlag versetzt. Infolgedessen wollte man es sich in Israel nicht mit dem „Heiligen Stuhl" in Rom verscherzen.

Die Atmosphäre lud sich dennoch immer weiter auf. Weitere Gelehrte schalteten sich ein. Es tobte ein Krieg, ein intellektueller Krieg, bei dem es Tote geben würde. Nur oberflächlich ging es um die Interpretation von ein paar Buchstaben. In Wahrheit ging es um die Einzigartigkeit Jesu Christi.

Verschiedene Topjournalisten heizten den Krieg weiter an. Schließlich wurde der breiten Öffentlichkeit bekannt, dass viele „Wissenschaftler", die sich „objektiv" und „neutral" mit der Bibel beschäftigten, auf der Gehaltsrolle des Vatikans standen. Das erschütterte schlagartig die Glaubwürdigkeit vieler Wissenschaftler. Der Dümmste konnte sich nun ausmalen, dass, wer die Musik bezahlt, auch bestimmen darf, welche Melodie gespielt wird. Einige wissenschaftliche Institute benutzten das Wort „Wissenschaft" nur als Fassade, als Deckmäntelchen, als Feigenblatt. In Wahrheit waren sie stramme, orthodoxe Vertreter des Vatikans und beteten wie Hörige nach, was dort diktiert wurde. Und so flogen eine Weile die Argumente hin und her.

Für die katholische Kirche stand zu viel auf dem Spiel, als dass sie hätte klein beigeben können. Schließlich war man selbst Fachmann auf diesem Gebiet, das sich die Bibel nennt. In den eigenen Reihen befand sich die gefährlichste Phalanx von Theologen.

Gerichte wurden eingeschaltet, und die Presse überschlug sich erneut.

Ein Kommentator versuchte, das ausschließliche Copyright an einigen der 2000 Jahre alten Texte zu erwerben – man stelle es sich vor!

Dabei waren noch immer nicht alle Qumran-Texte veröffentlicht worden. In den Jahren 1990 bis 1994 sprach man von einer regelrechten Qumran-Krise, weil immer noch 200 Rollen nicht bekannt gemacht worden waren. Waren sie zu brisant? Schließlich stellte sich zweifelsfrei heraus, dass einige Texte von der Kirchen-Fraktion absichtlich unterschlagen worden waren – weil sie zu explosiv waren.[5]

Immer drehte es sich dabei um die Frage des Gottessohnes, des Messias.

Was war hier Sache?

DIE UNGEHEUERLICHKEIT

Es steht heute unzweifelhaft fest, dass die Qumran-Texte ebenfalls von einem Messias sprechen. Die Einzigartigkeit Jesu ist damit infrage gestellt. Es gab vor Jesus Christus Messias-Erwartungen, aus denen möglicherweise die spätere Jesus-Christus-Figur zusammengebastelt wurde. Zumindest wurden die Schreiberlinge des Neuen Testamentes von diesen früheren Erwartungen und Strömungen inspiriert.

Noch klarer ausgedrückt: Dem Christentum liegt kein unverwechselbares Ereignis zugrunde. Es existierte eine Tradition, die nahtlos in das Christentum einmündete, die das Christentum vielleicht erst ermöglichte.

In schockierender Deutlichkeit ausgedrückt: Einige Qumran-Texte sind Vorläufer des Neuen Testamentes. Das Neue Testament wurde durch die Texte von Qumran ausgehebelt, die Einzigartigkeit Jesu durch sie widerlegt.

Es tauchten ständig weitere Schriften auf, die die Diskussion noch anheizten, sofern das überhaupt möglich war. Zudem gab es frühere Evangelien, unterdrückte Evangelien, die erst jetzt so richtig in die Diskussion gerieten. Der Krieg hatte gerade erst begonnen.

7.
DIE GEHEIMEN EVANGELIEN

Apokryph bedeutet wörtlich „verborgen", „geheim", aber schon recht früh verstand man darunter „unecht" und sogar „ketzerisch".

Eine ganze Reihe von Schriften über das Leben Jesu wurde von den Großkirchen abgelehnt.

Im Allgemeinen handelte es sich bei den „verborgenen" oder „geheimen" Schriften um Werke, die in bestimmte höhere Wahrheiten einweihen wollten und nicht für jedermann bestimmt waren. Wir werden auf diese höheren Wahrheiten noch zu sprechen kommen – möglicherweise war im 2., 3. und 4. Jahrhundert n. Chr. nichts brisanter! Aber diese Schriften enthielten auch Angaben über das Leben Jesu. Die Großkirchen bestimmten schließlich, dass diese „geheimen" Schriften falsch seien, unecht, dass nur Ketzer und Ungläubige in ihnen läsen und man gefälligst die Finger davonlassen sollte.

Es gab zahlreiche dieser apokryphen, geheimen Schriften. Wir wollen hier nicht auf die genauen theologischen Differenzierungen eingehen und spitzfindig zwischen jüdischen und christlichen Apokryphen unterscheiden; selbst innerhalb der verschiedenen christlichen Großkirchen wird bisweilen das eine als apokryph bezeichnet, das andere aber nicht – was nur erneut beweist, wie willkürlich diese Zuweisungen sind. Voller Eifer schlägt man sich wechselseitig die Köpfe ein, mit Argumenten, die kein Mensch nachvollziehen kann. Die Protestanten etwa verfügen über ein anderes Altes Testament als die Katholiken. Und im christlichen Osten werden bestimmte schriftliche Zeugnisse über das Leben Jesu zugelassen, während sie im Westen verdammt werden. Liest man sie, kommt man im Osten in den Himmel, im Westen in die Hölle. Wenn das Thema nicht so ernsthaft wäre, könnte man Komödien darüber schreiben.

Welche Zeugnisse fallen denn unter diese apokryphen Schriften? Unter anderem folgende Schriften:

• ein Protevangelium des Jakobus,
• ein Kindheitsevangelium des Thomas,

- ein Ebjoniten-Evangelium,
- ein geheimes Markus-Evangelium,
- ein Petrus-Evangelium,
- ein Nikodemus-Evangelium,
- ein Evangelium der Maria,
- ein Bartholomäus-Evangelium,
- ein Matthias-Evangelium sowie
- zahlreiche andere Papyri, Fragmente, Briefe und Papierfetzen, um nur einige zu nennen.

Wir werden geradezu bombardiert mit Evangelien. Einige enthalten jedoch echten Sprengstoff.

Zu den apokryphen Schriften zählen ferner Apostelakten, die manchmal in romanhafter Form die angeblichen Missionsreisen eines Apostels beschreiben. Schließlich gibt es zahlreiche nie anerkannte Briefe, Schriften, die das Ende der Welt beschreiben, und einiges mehr.

Aus diesen Schriften lassen sich die verschiedensten Schlüsse ziehen. Sie präsentieren ein völlig anderes Bild von Jesus Christus, als es uns bisher geboten wurde.

Schlagen wir also zunächst diese geheimen Evangelien auf und studieren wir sie sorgfältig, trotz oder gerade wegen der zahlreichen Verbote, mit denen sie belegt worden sind.

PROTEVANGELIUM DES JAKOBUS

Protevangelium bedeutet „erstes Evangelium" (griech.: *protos* = erster, erstes). Es heißt so, weil es von der Kindheit Jesu berichtet, von der frühen, ersten Zeit des Heilandes.

Der Name wurde ihm allerdings erst im 16. Jahrhundert gegeben.

Das Protevangelium des Jakobus erfreute sich viele jahrhundertelang größter Beliebtheit. Denn die Gläubigen wollten endlich in Erfahrung bringen, wie die Kindheit Jesu Christi ausgesehen hatte. Man wollte mehr über die ersten Jahre des Messias in Erfahrung bringen, die „erlaubten" Evangelien schwiegen hierzu beharrlich. Hatte Jesus vielleicht schon als Kind Wunder gewirkt? War er auch als Sechsjähriger schon ein Gott? Hatte er wie andere Kinder gerauft und gespielt, war er lustvoll in Pfützen getreten und hatte alle Torheiten begangen, die die Kindheit so schön machen?

Nun, scharfsinnige Theologen hatten nicht ohne Grund von entsprechenden Evangelien Abstand genommen, denn es war ein verflixt heißes Thema.

Falls sich Jesu nämlich als Kind nicht anders verhalten hatte als andere Kinder, falls er schmutzig, unartig, verlogen und ein Raufbold gewesen war – dann stellte das natürlich das gesamte süßliche Jesus-Bild infrage, das man bislang so sorgfältig gepflegt hatte. Es konnte zu unangenehmen Fragen führen. Falls Jesus jedoch schon ein Gott gewesen war, dann ließ sich das ebenfalls schwer verkaufen. Kinder haben gefälligst keine Götter zu sein, sie haben zu gehorchen! Sie haben sich den Autoritäten, den Erwachsenen, den Eltern unterzuordnen und damit basta!

So oder so befand sich der Autor des Protevangeliums also in einem Dilemma. Und richtig: Er konnte nur scheitern.

DER BRISANTE INHALT

Rund zwei Drittel dieses Evangeliums beschäftigen sich mit der Gottesmutter Maria, rund ein Drittel mit Jesu.

Zunächst steht Marias Heiligkeit und Jungfräulichkeit im Vordergrund, die ja angeblich Jesus ohne Josefs Zutun empfangen hatte. Es berichtet, dass Josef sich fast zu Tode schämte, als er von Marias Schwangerschaft erfuhr. Jemand musste sie verführt haben! Also stellte er Maria zur Rede. Der Originaltext lautet:

„Sie aber weinte bitterlich und sagte: ‚Ich bin rein und habe keinen Mann gesehen.'

Josef sprach zu ihr: ‚Woher ist dann das in deinem Bauch?'

Sie aber antwortete: ‚So wahr der Herr, mein Gott lebt: Ich weiß nicht, woher es ist.'"[1]

Fatal! Aber schließlich erschien Josef ein Engel im Traum, der alles wieder geraderückte. Der Engel tat Josef kund, dass „das in ihr vom Heiligen Geist [ist]".

Und so gebar Maria einen Sohn. Aber eine gewisse Salome, eine Hebamme, glaubte das Ganze nicht. Niemand konnte ihr weismachen, dass eine Jungfrau einen Sohn gebären konnte. Sie empörte sich laut und sprach:

„So wahr der Herr, mein Gott lebt: Wenn ich nicht meinen Finger hineinlege und ihre geschlechtliche Eigenart untersuche, werde ich nicht glauben, dass eine Jungfrau geboren hat."[2]

Diese Salome war also skeptisch. Was nun folgt, ist wirklich köstlich. Salome bestand darauf, dass Maria „die entsprechende Stellung einnehme", sodass sie Marias „geschlechtliche Eigenart" einer persönlichen Untersuchung unterziehen konnte. Mit anderen Worten: Salome griff in die Scheide Marias, um festzustellen, ob es da noch ein Jungfernhäutchen gab.

Sie stellte nicht nur fest, dass es sich bei Maria – trotz der Geburt Jesu – tatsächlich noch immer um eine Jungfrau handelte, sondern zugleich fiel ihre Hand ab „wie vom Feuer verzehrt." Warum? Salome hatte sich der Sünde des Unglaubens schuldig gemacht. Von Stund' an glaubte Salome natürlich an die Göttlichkeit Jesu! Und was geschah daraufhin? Oh Wunder! Die verdorrte Hand wuchs nach, die Hebamme Salome ging geheilt davon.

Wir enthalten uns jedes Kommentars, obwohl es schwerfällt und man sich ein Lächeln nicht ganz verkneifen kann.

Doch wie ist es um die Kindheit Jesu bestellt? Verhielt er sich wie ein Gott oder wie ein Flegel? Gedulden wir uns noch einen kleinen Augenblick! Über Jesu wird viel ausführlicher im nächsten apokryphen Evangelium erzählt.

Fällen wir zunächst unser Urteil über das Jakobus-Evangelium.

DIE WAHRHEIT DES PROTEVANGELIUMS DES JAKOBUS

Kein Evangelium war je so beliebt wie dieses. Es wurde in zahlreiche Sprachen übersetzt, es gibt allein 169 slawische Fassungen! Es entstand wahrscheinlich rund 150 Jahre nach Christi Geburt. Sprich dieser Jakobus war kein Zeitzeuge Jesu – und Maria oder Salome kann er ebenfalls nicht gekannt haben. Überhaupt wissen wir nicht, wer der Autor war. Wahrscheinlich in Ägypten verfasst, wurde das Evangelium ursprünglich auf Griechisch geschrieben.

Die Absicht des Evangeliums liegt dagegen klar auf der Hand: Man wollte die Jungfräulichkeit Marias „beweisen". Wer nicht glaubte, wurde verflucht. Wer glaubte, konnte mit einem pompösen Wunder rechnen. Interessant ist hier wieder die Methode, die verschiedensten Zeugen herbeizuzitieren, um das Evangelium echt wirken zu lassen. Es wird mit Angst manipuliert, um Menschen zum Glauben zu bewegen. Diese Methode der Lüge funktioniert offenbar nicht schlecht – und wird auch bei kleinen Kindern immer wieder mit Erfolg angewendet. Mit Angst lässt sich so allerlei bewegen.

Im Grunde aber handelt es sich um einen so primitiven Versuch einer Verdummung, dass es nicht wundert, warum später viele Kirchenlehrer Abstand von dem Protevangelium des Jakobus nahmen. Die Lüge war zu plump, die wahre Absicht zu durchsichtig! Außerdem fürchtete man womöglich, dass die Geschichte zu vielen derben Späßen Anlass geben könnte.

Uns aber verrät dieses Evangelium aufs Neue, wie man lügen muss, damit der Zuhörer einknickt und den Humbug schluckt:

1) Man hat einen Engel erscheinen zu lassen,
2) muss mit schrecklichen Strafen drohen und danach
3) ein unglaubliches Wunder erzählen, das
4) innerhalb der Geschichte selbst „bezeugt" wird.
5) Der Gläubige dagegen wird belohnt.

So geht die Rechnung auf!

DAS KINDHEITSEVANGELIUM DES THOMAS

Berichten wir jetzt endlich über die Kindheit dieses Jesus Christus, jedenfalls so, wie sie im Kindheitsevangelium des Thomas erzählt und im Protevangelium des Jakobus angedeutet wird. Das Kindheitsevangelium des Thomas wurde ebenfalls in zahlreiche Sprachen übersetzt. Natürlich gab es im Laufe der Zeit verschiedene

Versionen, aber in allen Versionen wurde deutlich, dass es sich bei Jesus, dem Kind, zweifellos um ein Gotteskind handelte – denn es konnte zaubern. Dieses Gotteskind war gleichzeitig ein entsetzlicher Lausebengel, jedenfalls wenn man dem Thomas-Evangelium Glauben schenkt. Der junge Jesus konnte zwar offenbar allerlei Wunder bewirken, doch er war auch frech, vorlaut, besserwisserisch, wild und mitunter sogar boshaft.

Halten wir einen Moment inne. Das liebe Jesuskind war manchmal boshaft? Das konnte mehr als ein theologisches Problem aufwerfen.

Aber gönnen wir uns zunächst einige konkrete Details.

WAS THOMAS BERICHTET

Das Kind Jesus ragt meilenweit über alle anderen Kinder hinaus. Es kann die unglaublichsten Wunder bewirken, sozusagen mit links. Aus „weichem Lehm" formt Jesus beispielsweise zwölf Sperlinge. Dann klatscht er in die Hände und ruft den Sperlingen zu: „Fort mit euch!" Sofort erheben sich die Vögel in die Lüfte und fliegen „zwitschernd" davon.

Das ist noch alles recht leicht verdaulich. Härteren Tobak setzt uns der Evangelist Thomas vor, als er berichtet, dass Jesus auf einen Jungen, der ihn an der Schulter gestoßen hat, „sauer" wird und zu ihm sagt: „Du sollst deinen Weg nicht fortsetzen!" Was geschieht daraufhin mit dem Jungen? Nun, er stürzt zu Boden und stirbt. Jesus tötet also einen Knaben, nur weil er angerempelt wurde.

Sollte man seine göttlichen Fähigkeiten wirklich dazu benutzen, so menschlich zu reagieren?

Jesus lässt Menschen sozusagen mit einem Fingerschnippen auch erblinden, wenn es ihm gefällt. In den „erlaubten" Evangelien heilt Jesus Blinde – was man der weißen Magie zuordnen könnte. Der junge Jesus jedoch setzt offenbar auch auf schwarze Magie. Andererseits lässt er ein Kind namens Zenon auch wieder von den Toten auferstehen, nachdem es vom Dach gestürzt ist. Doch auch hier ist sein Wunder nicht uneigennützig. Da Jesus von den Eltern des Jungen verdächtigt wird, Zenons Tod verursacht zu haben, befiehlt er der Leiche aufzustehen und zu sagen, ob es wahr sei, ob er, Jesus, ihn vom Dach hinuntergestoßen habe. Der tote Knabe erwacht sofort zum Leben und antwortet: „Nein, Herr, du hast mich nicht hinuntergestoßen, sondern auferstehen lassen." Der Folgesatz lautet: „Die, die es sahen, erschraken. Aber die Eltern des Jungen lobten Gott für das Zeichen, das sich ereignet hatte, und warfen sich vor Jesus nieder."[3]

Wieder geht man mit Angst manipulativ um, die in Balance gehalten wird von der Hoffnung.

Jedenfalls sehen wir den jungen Jesus alle möglichen Wunder tun. Aus einem einzigen Weizenkorn entsteht eine Unmenge Nahrung. Als ein Begleiter Jesu von einer Natter gebissen wird, haucht Jesus die Wunde an. Daraufhin hört der Schmerz sofort auf, die Natter platzt und der Gebissene wird „augenblicklich wieder gesund". Er erweckt ein verstorbenes Kind zum Leben, aber auch Erwachsene stehen wieder von den Toten auf. Kurz und gut, dieser junge Jesus ist ein Tausendsassa, er ist offenbar Herr über Leben und Tod und tut Wunder, wo er geht und steht.

DIE GLAUBWÜRDIGKEIT DES THOMAS-EVANGELIUMS

Wir brauchen sicher nicht weit auszuholen: Nichts ist unglaubwürdiger als diese Geschichten, die so offensichtlich erfunden sind, dass man nicht weiter zu argumentieren braucht. Sie wurden erst im 6. Jahrhundert n. Chr. handschriftlich „bezeugt" – eine Zeitspanne, die hundert Verdrehungen ermöglicht. Man muss es sich wohl so vorstellen, dass die verschiedensten Anekdoten, die über den jungen Jesus im Umlauf waren, nun endlich zusammengefasst und schriftlich fixiert wurden. Die meisten christlichen Großkirchen lehnten diese Kindheits- und Jugendberichte über Jesus komplett ab. Denn sie gaben ernsthafte theologische Probleme auf, mit denen man sich nicht auseinandersetzen wollte. Außerdem war auch hier das Lügengespinst allzu leicht zu durchschauen. Es gehört schon ein sehr naives Gemüt dazu, an solche Geschichten zu glauben, selbst wenn uns auch die „erlaubten" Evangelien einiges abverlangen.

Aber die Kindheitsgeschichten Jesu konnten zu leicht als Lügen enttarnt werden. Es gab zudem zu viele Parallelen zu anderen Göttersöhnen, wie sie etwa bei den Griechen zuhauf vorkamen. Das alles hätte der Einzigartigkeit dieses Jesus abermals einen schweren Schlag versetzt. Und so fiel das Kindheitsevangelium des Thomas unter den Tisch, man wischte es rasch beiseite. Dazu konnte dieser Thomas, offenbar ein nur mittelmäßig begabter Lügner, auch nie identifiziert werden.

DAS EBJONITEN-EVANGELIUM

Die wenige Seiten dieses Evangeliums haben es in sich. Das hebräische Wort *Ebjon* bedeutet „arm" oder „fromm", und die Ebjoniten, also die Frommen, waren eine jüdische/christliche Sekte, die dem Judaismus besonders nahestand. Die Explosivität dieses Evangeliums besteht darin, dass Jesus nur als Prophet angesehen wird, nicht als Gott oder Messias.

Das Ebjoniten-Evangelium berichtet von Johannes dem Täufer, der Jesus tauft. Es deutet an, dass Jesus offenbar Brüder hatte, ohne diesen Umstand indes näher auszuführen. Und schließlich gibt es eine Stelle, die Rückschlüsse darauf zulässt, dass Jesus etwas gegen Fleischverzehr einzuwenden hatte. Da wir erst aus dem 4. Jahrhundert n. Chr. über dieses Ebjoniten-Evangelium erfahren, taugt es sicherlich nicht als historisches Dokument.

DAS GEHEIME MARKUS-EVANGELIUM

Diese kleine Schrift enthält tatsächlich einigen Zündstoff. Der amerikanische Historiker Morton Smith entdeckte um die Mitte des letzten Jahrhunderts einige wenige Seiten eines geheimen Markus-Evangeliums. Er versäumte es allerdings, das Original aufzubewahren, sondern fotografierte die Seiten lediglich.

Jesus wird in diesem Evangelium als ein Magier beschrieben, erneut wird ihm damit indirekt die Göttlichkeit abgesprochen. Ein Toter wird erweckt, den Jesus in der Folge freundlich aufnimmt. Angedeutet wird zudem eine homophile Beziehung zwischen Christus und dem Auferweckten. „Der Jüngling blickte ihn an und gewann ihn [= Jesus] lieb", so heißt es. Und: „Der Jüngling [kam] zu ihm [= Jesus], bekleidet mit einem Leinengewand auf dem nackten Körper, und blieb bei ihm jene Nacht."[4]

Pflegte Jesus Christus eine homosexuelle Beziehung? Unserer Meinung nach könnte nichts unwichtiger sein. Da der Originaltext zudem nie gefunden wurde, und selbst wenn er existierte, von keinem Augenzeugen stammt, ist die Frage völlig unerheblich. Es handelt sich unseres Erachtens um eine der vielen Fälschungen rund um Jesus Christus.

DAS PETRUS-EVANGELIUM

Es war eine echte Sensation, als französische Archäologen in den Jahren 1886/87 eine Entdeckung machten, die die christliche Welt erschüttern sollte: Im Grab eines Mönches fanden sie einige Seiten eines Petrus-Evangeliums, dessen Existenz man schon immer vermutet, aber nie bewiesen hatte. Insgesamt 45 Zeilen dieses Petrus-Evangeliums kamen zutage. Erfreulich für die Großkirchen war, dass es das Leiden und Sterben sowie die Auferstehung Christi ähnlich schilderte wie die anderen „erlaubten" Evangelien. Doch das Evangelien-Fragment endete mitten im Satz. Und zumindest ein Ausdruck war in theologischer Hinsicht höchst problematisch – deshalb sollte es später verdammt und den apokryphen Schriften zugerechnet werden.

Worum handelte es sich bei diesem Ausdruck? Jesu Kreuzigung wird ähnlich beschrieben wie bei den kirchlich anerkannten Evangelisten, aber es scheint, als ob Christus während der Kreuzigung keinen Schmerz empfunden hätte. Der kritische Satz lautete: „Dann führten sie zwei Verbrecher herbei und kreuzigten den Herrn in ihrer Mitte. Er selbst aber schwieg, als ob er keinen Schmerz habe."[5]

Hieran nahmen die Großkirchen später Anstoß. Warum? Nun, es gab im frühen Christentum eine christliche Sekte, die Doketisten genannt wurden – nach dem griechischen Wort *dokein* (= scheinen). Die Doketisten behaupteten kurz gesagt, Jesus habe in Wirklichkeit nur einen Scheinleib besessen, keinen echten Leib. Er sei ein Gott gewesen, ein Wesen ohne Körper. Jesus sei deshalb in Wahrheit nie geboren worden. Darum habe er auch nicht wie ein Mensch leiden können. Er habe keinerlei Schmerzen empfunden, auch nicht am Kreuz. Um dieser christlichen Sekte der Doketisten den Garaus zu machen, unterdrückte man das Petrus-Evangelium, beziehungsweise die paar Pergamentreste, die man im Grab des Mönchs gefunden hatte.

Dieses Evangelium steht ohnehin auf wackeligen Füßen: Zunächst lehnt es sich auffällig an Matthäus, Markus, Lukas und Johannes an. Es ist nicht auszuschließen, dass wieder einmal schlicht abgeschrieben wurde, wenn sich der Verfasser auch heroisch bemüht, einen eigenen Stil einzubringen. Darüber hinaus ist die Autorenschaft an den Haaren herbeigezogen und sehr offensichtlich eine Fälschung: Das Evangelium entstand erst in der Mitte des 2. Jahrhunderts n. Chr. Petrus kann es also gar nicht geschrieben haben, es sei denn, er wäre 150 Jahre alt geworden.

Und das beweist erneut, wie sorglos im Falle all dieser Evangelien mit der Wahrheit umgegangen wurde. Indem man sich auf einen Apostel berief, forderte man Autorität ein. Dafür wurde so frech geflunkert, dass man heute nur staunend vor all diesen widersprüchlichen Aussagen stehen kann, die so offensichtlich nicht zusammenpassen und sich gegenseitig ad absurdum führen. Mit anderen Worten: Auch die Evangelien nach Matthäus, Markus, Lukas und Johannes verlieren an Glaubwürdigkeit. Wenn alles Mögliche von verschiedenen Schreiberlingen behauptet werden konnte, mit welcher Berechtigung will man gerade heute nur diese vier Kronzeugen gelten lassen? Warum sollen ausgerechnet Markus, Matthäus, Lukas und Johannes die Wahrheit gesagt haben?

Fest steht jedenfalls, dass dieses Petrus-Evangelium rasch in der Versenkung verschwand, damit die Gläubigen nicht auf falsche Gedanken kommen konnten, was den Leib oder Scheinleib Jesu anging.

Gönnen wir uns kurz noch einige letzte Kostproben der apokryphen Evangelien.

DAS NIKODEMUS-EVANGELIUM

Ein Werk taufte man Nikodemus-Evangelium, weil ein jüdischer Ratsherr namens Nikodemus angeblich der Verfasser dieser Schrift war. Hier werden der Prozess gegen Christus vor Pontius Pilatus sowie die Kreuzigung und das Begräbnis mit der darauffolgenden Auferstehung geschildert.

So weit nichts Neues! Das Besondere an diesem Evangelium ist, dass nicht nur Weiber, sondern auch respektable Juden und römische Wachen die Auferstehung und die Himmelfahrt Jesu bezeugen. Männer also.

Ferner wird den Juden ein Seitenhieb verpasst, indem Pontius Pilatus reingewaschen wird, die Juden hingegen als die wahren Schurken dargestellt werden, die Jesus Christus ans Kreuz brachten. Allein Nikodemus, der ehrwürdige jüdische Ratsherr, habe auf Seiten Jesu gestanden.

Die Absicht ist mehr als offensichtlich: Das Kernstück des christlichen Glaubens – die Auferstehung und die Himmelfahrt – sollte bezeugt werden. Als ob ein weiteres so offensichtlich manipuliertes Testament das leisten könnte! Außerdem sollte den Juden eins ausgewischt werden, die Jesus ja noch immer nicht für den Messias hielten. Nun, wir alle wissen, wohin die Verleumdung der Juden führte …

Das Nikodemus-Evangelium wurde aus zwei verschiedenen Quellen zusammengeschustert. Der erste Teil trägt den Titel *Pilatus-Akten*, daneben gibt es eine *Höllenfahrt Christi*. Die beiden Teile stammen wahrscheinlich aus unterschiedlichen Zeiten und von verschiedenen Autoren, was jedoch verschwiegen wird.

Und wie sah der historische Hintergrund zu dieser Zeit aus? Da dem jüdischen Gesetz zufolge Frauen als Zeugen nicht ausreichten (und nur Frauen hatten in den anderen Evangelien die Auferstehung Christi bezeugt), überlegten sich offenbar ein paar priesterliche Schreiberlinge, wie hier Abhilfe geschaffen werden könne. Flugs schrieben sie ein weiteres Evangelium, mit ein paar männlichen Zeugen. Sehr praktisch! Damit konnte jeder Zweifel über die Auferstehung Christi ausgeräumt werden.

Gönnen wir uns die nachträglich hinzugefügte Einleitung einmal im Original, sie verrät, wie die Wahrheit verbogen wurde; sie liest sich folgendermaßen:

„Ich, Ananias, Leibgardist im Rang eines Präfekten, ein Gesetzeskundiger, habe aus den Heiligen Schriften unseren Herrn Jesus Christus erkannt, bin zum Glauben gekommen und wurde auch der heiligen Taufe für würdig befunden. Ich forschte auch nach den Akten, die in jener Zeit über unseren Herrn Jesus Christus aufgesetzt wurden, und nach dem, was die Juden unter Pontius Pilatus niederlegten. Diese Akten fand ich auf Hebräisch, und Gottes Willen gemäß habe ich sie ins Griechische übersetzt, damit sie allen bekannt werden, die den Namen unserer Herrn Jesus Christus anrufen …

Im 15. Jahr der Herrschaft des Cäsar Tiberius, des Königs der Römer, und des Herodes, des Königs von Galiläa …"[6]

Die Technik der Lüge? Eine vorgeblich hochgestellte Persönlichkeit forschte angeblich nach den originalen Pontius-Pilatus-Akten zur Verurteilung Jesu Christi! Der Schreiberling gibt die genaue Zeit an und beruft sich auf den bereits erwähnten Nikodemus, scheinbar ein ehrenwerter Zeuge. Dabei stammen die Pilatus-Akten aus dem 2. Jahrhundert n. Chr.!

Uns bleibt schier die Spucke weg, bedenkt man diese offensichtliche Unverschämtheit. Als ob solche Akten überhaupt je aufgefunden werden *könnten*, nach einer so langen Zeit! Aber vielleicht sollten wir etwas nachsichtiger urteilen. Schließlich hat man später auch verschiedene Splitter vom Kreuze Christi gefunden (ein paar hundert Jahre später, als Reliquien ein lukratives Geschäft wurden) sowie Milch von der heiligen Mutter Maria.

Halten wir fest: Hier wurde gelogen, dass sich die Balken biegen. Gleichzeitig beweist dieses Zeugnis, wie wohlfeil ein neues Evangelium zu haben war. Ein paar priesterliche Fantasten konnten sich hinsetzen und alles Mögliche behaupten und niederschreiben!

Erneut wirft das auch auf die Evangelien-Schreiber Matthäus, Markus, Lukas und Johannes ein mehr als nur fragwürdiges Licht. Wer garantiert uns denn, dass sie glaubwürdiger waren als die Verfasser des Nikodemus-Evangeliums?

Betrachten wir zu guter Letzt das

EVANGELIUM DER MARIA

Experten, die mehr wissen als wir, gehen davon aus, dass das Evangelium der Maria rund 160 n. Chr. entstand. Sie vermuten, dass es sich bei dieser Maria um Maria Magdalena gehandelt habe, die in den anderen Evangelien immer wieder erwähnt ist. Aber nichts ist sicher. Auch diese Maria Magdalena ist eine reichlich verschwommene Gestalt. Dennoch gibt es Theologen, die folgende Texte schreiben und unwidersprochen veröffentlichen:

„Von Maria Magdalena wissen wir historisch zuverlässig nur, dass sie aus dem Fischerort Magdala am Galiläischen Meer stammt, dass sie mit Jesus persönlich bekannt war und dass sie in Jerusalem war, als dieser gekreuzigt wurde." [7]

Nun gut, historisch zuverlässig ist hier gar nichts, wie kein einziges Evangelium historisch zuverlässig ist. Aber der Autor dieser Zeilen ist Professor für Geschichte und Literatur des frühen Christentums an der Theologischen Fakultät der Georg-August-Universität in Göttingen. Was hat man da zu erwarten? Natürlich eine Verteidigung der unglaublichsten Behauptungen.

Doch wer war Maria Magdalena?

Nach dem Zeugnis der „erlaubten" Evangelien war sie angeblich eine Augenzeugin der Auferstehung Christi. Daraus müssen wir schlussfolgern, dass es eine enorme Notwendigkeit gab, ständig Augenzeugen zu zitieren. Doch wie ist es um diese Augenzeugin bestellt? Nun, der Text entstand 160 n. Chr.! Muss man mehr sagen?

Wir können nur festhalten, dass hier ein uns unbekannter Schreiberling behauptet, eine gewisse Maria sei Augenzeugin der Auferstehung gewesen. 160 Jahre nach dem eigentlichen Vorfall! Man stelle sich vor, wir würden heute behaupten zu wissen, was vor 160 Jahren geschehen ist und was es beispielsweise mit Bismarck genau auf sich hatte. Dafür würden wir uns auf eine Augenzeugin berufen, hätten aber weder ihre schriftliche Aussage, noch ein Dokument von dieser Augenzeugin. Wie würde man in diesem Fall urteilen? Man würde es doch sicher für eine unverschämte Irreführung halten, von einer Augenzeugin zu sprechen. Vor Gericht würde man diese Person auslachen oder sie in eine psychiatrische Anstalt stecken. Ein ernsthafter Historiker nähme eine solche Aussage nicht einmal zur Kenntnis.

Abermals lässt sich also sehr schön studieren, wie sorglos und frech hier mit Vokabeln wie „historisch erwiesen" und „Augenzeuge/Augenzeugin" umgegangen wird.

Und worum geht es in diesem mysteriösen Evangelium nach Maria?

Wir finden darin zum einen Dialoge zwischen dem auferstandenen Jesus und seinen Jüngern, zum anderen eine Vision Marias. Doch die beiden Teile gehörten aller Wahrscheinlichkeit nach ursprünglich gar nicht zusammen. Ein späterer Verfasser warf sie in einen Topf und schuf daraus ein weiteres Evangelium. So leicht geht das! Der Inhalt dieses (künstlich zusammengeschweißten) Evangeliums geht nicht konform mit der üblichen Lehrmeinung der Großkirchen. Es „verrät", dass diese Maria eine Vertraute Jesu war, ja seine besondere Vertraute. (Vielleicht war dies die Vorlage für Dan Browns Theorie, dass Jesus verheiratet war und (leibliche) Nachkommen hatte.) Maria werden angeblich geheime Lehren mitgeteilt – vom HERRN selbst. Und deshalb wurde dieses Evangelium wie so vieles zusammen mit anderen „Irrlehren" auf dem Konzil von Nicäa im Jahr 325 verworfen, es wurde unterdrückt. Da diese Maria, die sich hier so unangenehm in den Vordergrund drängte, zudem auch gnostische Weisheiten verbreitete, wurde es gleich zweimal unterdrückt.

Gönnen wir uns ein paar Auszüge aus diesem Evangelium. (Die ersten Seiten fehlen. Auf Seite 7 heißt es dann):

„Was ist Materie? Wird sie ewig währen?' Der Erlöser antwortete: ‚Alles Geborene, alles Geschaffene, alle Elemente der Natur sind miteinander verwoben und verbunden. Alles Zusammengesetzte wird sich auflösen; alles geht zu seinen Wurzeln zurück; die Materie wird zu den Ursprüngen der Materie zurückkehren …'"[8]

Hier können Sie lange rätseln, was diese Zeilen bedeuten! Wir könnten 202 mögliche Interpretationen anführen und uns eine Weile gut damit unterhalten.

Erfreuen wir uns an ein paar weiteren Zitaten:

„Was ist die Sünde der Welt? Der Erlöser sprach: ‚Es gibt keine Sünde. Ihr seid es, die der Sünde Bestand verleiht, wenn ihr den Gewohnheiten eurer ehebrecherisch verderbten Natur folgt; da ist die Sünde. Deshalb ist die Güte in eurer Mitte erschienen; sie hat sich mit den Elementen eurer Natur verbunden, um sie wieder mit ihren Wurzeln zu vereinen … Deshalb leidet ihr und deshalb werdet ihr sterben, das ist die Folge eurer Taten …'" [9]

Und: „Fügt den Gesetzen dessen, der die Thora gegeben hat, keine Gesetze hinzu, um nicht zu ihren Sklaven zu werden." [10]

Es wird der „Aufstieg der Seele" durch verschiedene Zonen beschrieben – zumindest im Ansatz, zu viele Seiten dieses Evangeliums sind verloren gegangen.

Es wird auf bestimmte „Seelenfallen" aufmerksam gemacht (wie Begierde, Unwissenheit, Eifersucht und Wahn), die alle Sündencharakter besitzen. Aber der Satz der Sätze dieses Evangeliums lautet im (übersetzten) Original:

„Gewiss kennt der Erlöser sie [= Maria] ganz genau. Deshalb hat er sie mehr geliebt als uns."[11]

Alles in allem erfahren wir also – nichts. Spirituelle Geheimnisse werden nicht preisgegeben, sondern nur angedeutet. Und ob Maria vielleicht die Gattin Jesu war, kann man in den Text hineininterpretieren oder auch nicht.

KLEINE ZUSAMMENFASSUNG

So weit einige Auszüge aus einigen apokryphen Evangelien. Insgesamt entsteht ein reichlich konfuses Bild über Jesus Christus, wenn wir den apokryphen Schriften Glauben schenken. Wir erfahren, dass er wirklich von einer Jungfrau geboren wurde (wer nicht glaubt, dem werden die Hand und der Arm abfaulen), wir erfahren, dass er in seiner Kindheit ein Lausebengel war, Kameraden tötete, wenn sie ihn nur anrempelten, generell Leute umbrachte und sie erblinden ließ, sie aber auch manchmal zum Leben erweckte. Wir erfahren, dass er gleichzeitig homosexuell war und verheiratet. Und wir erfahren, dass Jesus ganz gewiss von den Toten auferstand, weil das sogar Römer und ehrwürdige Juden bezeugten, und dass er nicht Gott war, sondern nur ein Prophet.

Die meisten apokryphen Evangelien hatten die Großkirchen im Laufe der Jahre und Jahrhunderte sorgfältig unterdrückt, mit großem Erfolg. Aber als die Qumran-Rollen entdeckt wurden, flammte die Diskussion wieder hitzig auf. Zudem machte ein weiterer Jahrhundertfund von sich reden, mit dem Öl ins Feuer der Jesus-Christus-Überlieferung gegossen wurde.

8.
DER JAHRHUNDERTFUND
VON NAG HAMMADI

Eine regelrechte Revolution löste der Fund der Nag-Hammadi-Schriften aus. Nag Hammadi ist ein kleiner, unbedeutender Ort etwa in der Mitte Ägyptens. Im Jahr 1945 fanden hier am rechten Nilufer ansässige Bauern zahlreiche Schriften: 13 in Leder gebundene Papyri, die 47 unterschiedliche Texte enthielten. Verfasst wurden die Texte vermutlich im 1. und 2. Jahrhundert n. Chr. Ein Aufschrei ging durch alle christlichen Lager.

Was war geschehen?

Ein paar ägyptische Bauern suchten etwa elf Kilometer vom Örtchen Nag Hammadi entfernt nach einem natürlichen Dünger, der ihnen helfen sollte, ihre Felder besser zu bestellen und fruchtbarer zu machen. Sie ritten auf ihren Kamelen durch die Gegend, als sie einen Felsblock entdeckten. Sie stiegen ab, banden ihre Kamele fest und fingen an, in der Nähe dieses Felsblocks nach Dung zu graben. Dabei stießen sie unversehens auf einen fast meterhohen, tönernen roten Krug. Die Aufregung war groß. Theoretisch konnte sich in dem Krug ein Dschinn befinden, also ein Geist. Würde man den Dämon befreien, wenn man den Krug öffnete? Die Bauern wussten nicht, dass tatsächlich ein Geist aus diesem Krug fahren würde – aber ein Geist anderer Art, ein Geist der Erleuchtung. Er sollte die „Wahrheit", die die Großkirchen so sorgfältig definiert hatten, völlig umstoßen. Jedenfalls rüttelte und schüttelte dieser Geist später die wohlgeordnete Welt der Großkirchen ordentlich durcheinander und versetzte die Autoritäten der Kirchen in helle Aufregung.

Aber bleiben wir der Chronologie treu.

Die Bauern beratschlagten miteinander. Es könnte sich in dem Krug ja auch Gold befinden. Dann würden sie vielleicht unermesslich reich und bräuchten sich nicht mehr auf den Feldern abmühen. Jeder von ihnen könnte sich ein paar zusätzliche hübsche Frauen nehmen, ein stattliches Haus kaufen und sich dort von seinen neuen Frauen verwöhnen lassen. Man würde nur die feinsten Speisen zu sich nehmen und als ein hochgeachteter, reicher Mann in Muße leben.

Die Angst focht einen heftigen Kampf mit der Gier. Die Gier siegte. Man konnte sich das nicht entgehen lassen. Also zerschlug man den Krug. Aber weder fuhr ein Geist heraus noch fand sich Gold darin. Es lagen lediglich 13 in Leder gebundene Papyri in dem Krug; die Enttäuschung der Bauern war riesig. Sie erkannten nicht, dass ein wertvoller Schatz vor ihnen lag, weitaus kostbarer als Gold.

Einer der Bauern, Muhammed Ali, nahm die Schriften an sich, brachte sie in seine Heimstätte und deponierte sie dort achtlos in der Nähe seines Ofens. Seine Mutter verheizte einige der Blätter, aus Unwissen, was für einen unglaublichen Schatz sie besaßen. Denn die Nächte waren kalt. Aber Muhammed Ali war in eine Blutfehde verwickelt – sein Vater war ermordet worden – und deshalb deponierte er die 13 Papyri (oder was davon übrig geblieben war) sicherheitshalber bei einem Priester namens Basilius Abd al-Masih. Hier schienen ihm die Bücher besser aufgehoben zu sein; theoretisch konnten seine Feinde jeden Tag sein Haus niederbrennen und zerstören. Der Priester überlegte nicht lange. Er zeigte die Papyri seinem Schwager, der den möglichen Wert der Schriften sofort erkannte. Der Schwager beschloss, sie in Kairo einem Vertrauten zu zeigen, der wiederum umgehend das Amt für Altertümer in Kairo verständigte. Nun begann das im Orient bis auf den heutigen Tag so beliebte Feilschen. Zum Schluss zahlte das Amt für Altertümer die läppische Summe von 300 Pfund, und der Jahrhundertfund ging in den Besitz des ägyptischen Staates über.

Aber wer glaubt, dass damit die ärgsten Schwierigkeiten überwunden waren, irrt. Der Thriller hatte gerade erst begonnen.

DER BEGRIFF „WISSENSCHAFT"

Erlauben Sie einen kleinen Ausflug in andere Gefilde, bevor wir zu unserer Geschichte zurückkehren. Er ist nötig und dient dem Verstehen. Wir müssen den Leser zunächst darauf aufmerksam machen, was heutzutage im Rahmen der Wissenschaft alles passiert.

Nichts ist bestechender als die Bezeichnung „Wissenschaft". Sie suggeriert Glaubwürdigkeit, Unbestechlichkeit, Neutralität und

Objektivität. Endlich kann man sich an etwas festhalten. Andere Meinungen und Ansichten, von unberufenen Geistern vorgebracht, lassen sich damit bequem vom Tisch wischen. Man sagt einfach: „Wissenschaft!" – so wie man früher etwa „Simsalabim!" rief – und schon kann man im Namen dieser Wissenschaft alles behaupten. In Wahrheit aber wurde kein Begriff stärker missbraucht als dieser.

Längst nehmen zahlreiche „hochrenommierte" Universitäten für sich in Anspruch, nur im Namen der Wissenschaft zu operieren. Doch hinter den Kulissen findet nicht selten ein übles Hauen und Stechen statt. Es geht um Ehre, Ruhm, Reputation und Karrieren. Und so widersprechen sich „hochrenommierte" Wissenschaftler vehement, ja sie bekriegen und verleumden sich gegenseitig.

Nicht zu vergessen: Viele „Wissenschaftler", die mit dem Neuen Testament oder Bibeltexten im Allgemeinen zu tun haben, stehen heimlich oder offen auf der Gehaltsliste des Vatikans. Wir haben darüber bereits berichtet. In solchen „wissenschaftlichen" Instituten bemüht man sich herauszufinden, was bestimmte alte Texte bedeuten, was sie nicht bedeuten, wie sie zu übersetzen und wie sie zu beurteilen sind. Aber da die Leitung dieser „wissenschaftlichen" Institute von Rom bezahlt wird und der Vatikan ein scharfes Auge auf die Ergebnisse hat – sind einige Ergebnisse genehm, andere nicht. Und da der Vatikan attraktive „wissenschaftliche" Pöstchen zu vergeben hat und „Wissenschaftler" manchmal ein Leben lang (!) auf der vatikanischen Gehaltsliste stehen, kann man sich ausmalen, dass diese „Wissenschaftler" den Teufel tun werden, der Öffentlichkeit Interpretationen zu präsentieren, die ihrem Arbeitgeber nicht genehm sein könnten.

Der Vatikan steht also hinter vielen „wissenschaftlichen" Aktivitäten und Instituten. Deshalb braucht es nicht viel, um zu erkennen, dass die Ergebnisse in solchen „wissenschaftlichen" Instituten nicht selten manipuliert, frisiert und korrumpiert sind.

Längst gibt es eine hohe Schule der Lüge, wie man das nennen könnte, die man aber in juristischem Sinne nicht einmal als Lüge bezeichnen darf. Doch stellen wir an dieser Stelle zumindest einige Techniken der Lüge vor:

• Am besten lässt man von vorneherein nur „hochrenommierte" Wissenschaftler zu, definiert also ein exklusives Klübchen von Koryphäen, deren Meinung allein angeblich maßgeblich ist. Ein raffinierter Trick! Andere dürfen sich keine Interpretation erlauben. Tun sie es doch, ist es nicht von Belang, denn sie gehören ja nicht zu diesem exklusiven Klub.

• Ideal ist es außerdem, mit Fachvokabular nur so um sich zu werfen. Das schlägt sofort 99 Prozent aller Leser aus dem Rennen. Der unbedarfte Leser glaubt in der Folge, er könne sich kein Urteil bilden.

• Schließlich ist es ideal, bestimmte auflagenstarke Magazine und Publikationsorgane zu kontrollieren, in denen die neuesten Erkenntnisse über die Bibel und Jesus vorgestellt werden. Damit ist die Möglichkeit zur Publikation einiger Themen von vorneherein begrenzt, wenn man nicht der Meinung des Vatikans oder der Großkirchen ist. Man ist als Autor schlicht und ergreifend nicht willkommen und bleibt ausgegrenzt.

Auf der Strecke bleibt die Wahrheit.

Und so wundert es nicht, was mit den Schriften von Nag Hammadi geschah, die ein ganz neues Licht auf Jesus Christus hätten werfen können.

DIE ERGEBNISSE DER „WISSENSCHAFT"

Liest man verschiedene Artikel und Bücher über den Jahrhundertfund von Nag Hammadi, so gerät man schier ins Staunen. Selten wurde die Aufmerksamkeit so geschickt auf Unwichtigkeiten gelenkt. Selten wurde so vornehm gelogen und vielleicht nie mit so viel Heuchelei die Wahrheit zu Grabe getragen.

Man führe sich folgende Fakten zu Gemüte: Erst im Jahr 1977 gab es endlich eine englische Übersetzung, sodass sich auch Nicht-Wissenschaftler eine Meinung bilden konnten, die freilich längst vorgegeben war.

Bei den Schriften von Nag Hammadi handelte es sich – abgesehen von den Qumran-Rollen – um den wichtigsten Fund in Bezug auf das frühe Christentum. Der Leser wurde jedoch mit ein paar hochtrabenden Begrifflichkeiten abgespeist. Es wurde zum Beispiel gelehrt von gnostischen Texten gesprochen – ohne diesen Ausdruck exakt zu definieren. Wir werden auf den Begriff „Gnosis" noch ganz genau zu sprechen kommen, da er an sich schon ein Geheimnis birgt. Doch davon später. In den Nag-Hammadi-Texten wurde auf eine gnostische, esoterische Lehre verwiesen – als ob das etwas völlig Nebensächliches und Unbedeutendes wäre.

Außerdem passte den Großkirchen und den ihnen verbundenen Wissenschaftlern nicht ins Konzept, dass völlig neue Einsichten über das Christentum und Jesus zum Vorschein kamen. Man hatte sich doch bereits alles so schön zurechtgelegt! Und jetzt wollte man den Großkirchen in die Suppe spucken?

Worum ging es denn in den Nag-Hammadi-Schriften, was war so brisant? Nun, unter anderem folgende „Offenbarungen":

- das Gebet des Apostels Paulus,
- der Brief des Jakobus,
- das Evangelium der Wahrheit,
- das Thomas-Evangelium,
- das Philippus-Evangelium und Aufsätze, die berichten, wie die Seele gerettet werden kann, sowie
- eine Erklärung, wie die Welt tatsächlich entstanden war.

Stürzen wir uns in einige dieser Texte – ohne Scheuklappen aufzusetzen – und lüften wir den Mantel, der bis heute (!) über sie ausgebreitet wird. Was wurde uns in und mit diesen verbotenen Schriften bislang vorenthalten?

DAS THOMAS-EVANGELIUM AUS NAG HAMMADI

Streng von dem Kindheitsevangelium des Thomas zu unterscheiden ist ein zweites Thomas-Evangelium, das im Laufe der Grabungen rund um Nag Hammadi entdeckt wurde.

Dieses Evangelium ist recht uneinheitlich, ungeordnet und vieldeutig. Experten tippen auf eine Entstehungszeit im 2. Jahrhundert n. Chr. Es enthält zahlreiche Textstellen, die identisch mit den Aussagen nach Lukas, Markus, Johannes und einigen anderen Bibelstellen sind. Nichts Neues unter der Sonne also. Sehr offensichtlich soll damit die Echtheit dieses Thomas-Evangeliums bewiesen werden. Brisant wird dieses Thomas-Evangelium erst, wo es von den Berichten des Neuen Testaments abweicht. Da werden angeblich tiefe Weisheiten verkündet, von denen einige so esoterisch und vieldeutig sind, dass sie nicht zu entschlüsseln sind – was wahrscheinlich Absicht ist. Der Autor will sich ganz offensichtlich als Eingeweihter positionieren.

Anbei interessehalber einige Zitate, aber tappen Sie nicht in die Falle und versuchen Sie, die Aussagen zu „entschlüsseln":

„Wenn ihr zwei zu einem macht und wenn ihr das Innere wie das Äußere macht und das Äußere wie das Innere, und das, was oben ist, wie das, was unten ist, und wenn ihr das Männliche und Weibliche zu einem Einzigen macht, damit nicht männlich männlich und weiblich weiblich sei, wenn ihr ein Auge durch eine Auge ersetzt, eine Hand durch eine Hand, einen Fuß durch einen Fuß und ein Bild durch ein Bild, dann werdet ihr in das Königreich eingehen."[1]

„Seine Jünger fragten: ‚Wann wirst du dich uns offenbaren, und wann werden wir dich sehen?'

Jesus sagte: ‚Wenn ihr euch nackt auszieht, ohne euch zu schämen, und eure Kleider nehmt, sie unter eure Füße legt und darauf wie kleine Kinder herumtrampelt, dann werdet ihr den Sohn des Lebendigen sehen, und ihr werdet euch nicht fürchten.'"[2]

„Die Bilder sind dem Menschen offenbar, und das Licht in ihnen ist verborgen im Bild des Lichtes des Vaters. Er wird sich enthüllen, und sein Bild wird verborgen bleiben durch sein Licht."[3]

DIE TECHNIKEN DES RÄTSELS

Man muss in aller Schärfe realisieren, dass einige Sprüche absichtlich unverständlich gehalten sind.

Viele esoterische Aussprüche sind so vieldeutig, dass man über sie ohne Weiteres tagelang, ja jahrelang nachdenken könnte – ohne zu einem schlüssigen Ergebnis zu kommen. Und genau das ist das Ziel. Eine uralte religiöse „Verkaufstechnik", einen Ungläubigen zu überzeugen, besteht darin, sich als Eingeweihter zu positionieren. Man hört Stimmen, sieht Engel, erfährt Wunder, wird von Gott persönlich angesprochen und erlauscht rätselhafte Aussagen, die aus den „höheren Welten" stammen. Dadurch kommt man angeblich in den Besitz eines Geheimwissens. Und genau dieses Geheimwissen wird der Person präsentiert, die überzeugt werden soll. Da sie aber die Aussagen nicht entschlüsseln kann, bleibt sie an diesem Rätsel kleben, ist sie gefangen wie eine Fliege im Spinnennetz.

Es handelt sich um eine interessante intellektuelle Fallgrube. Je dümmer man ist, desto leichter fällt man hinein. Dabei muss man sich lediglich vergegenwärtigen, dass diese intellektuelle Fallgrube mit genau dieser Absicht ausgehoben wurde: damit man hineinstürzt und nicht wieder herausklettern kann. Es ist eine infame Technik, eine Vorspiegelung von Wissen. Sie ist deshalb so raffiniert, weil immer wieder Perlen echter Weisheit zwischen rätselhaften Bemerkungen aufscheinen.

Nichtsdestotrotz sind viele Texte auch eindeutig und verständlich. Und hochbrisant. Warum? Nun, sie verraten uns, dass es einst verschiedene Strömungen innerhalb des Christentums gab, die nicht miteinander in Einklang zu bringen waren. Worin also bestand die Explosivität der Funde?

ABWEICHLER UND HÄRETIKER

Was die Großkirchen so erboste, war, dass schon wieder völlig unterschiedliche Ansichten über Jesus Christus und seine Lehre aufgetaucht waren. Das über Jahrhunderte und Jahrtausende errichtete theologische Lehrgebäude drohte einzustürzen. Alle Kirchenlehrer und Päpste wurden durch die Schriften von Nag Hammadi scheinbar eines Besseren belehrt.

In vielen Schriften wurde der Leser kurz gesagt dazu angehalten, selbst nachzudenken, um zur Erkenntnis (griech.: *gnosis*) und Weisheit zu gelangen. Sogar ein Fragment von Platons Schriften kam unter den Funden zum Vorschein. Es wurde immer wieder für die wahre Ethik eine Lanze gebrochen. Es gab unbestritten völlig verschiedene Jesus-Christus-Figuren, Jesus-Vorstellungen. Und es war von esoterischen Lehren die Rede, die Jesus angeblich seinen Jüngern unterbreitet hatte – die der übrigen Christenheit aber verborgen bleiben sollten. Sogar Gespräche des Auferstandenen mit Maria Magdalena zielten in Richtung Einweihung.

Manchmal wurde geradezu einem Pantheismus das Wort geredet, der Vorstellung also, dass Gott in allem ist. So ließ der Autor des Thomas-Evangeliums Jesus sagen:

„Ich bin das Licht, das über allen ist. Ich bin das All; das All ist aus mir hervorgegangen, und das All ist zu mir gelangt. Hebt einen Stein auf, und ihr werdet mich finden, spaltet ein Holz, und ich bin da." [4]

Damit befand man sich wieder in gefährlicher Nähe zu einer anderen theologischen Ansicht.

Immer wieder war auch von einer Geheimlehre die Rede. Jüdische, ägyptische und persische Elemente fanden sich in den Schriften – was dem Gelehrten natürlich sofort bewies, von welchen Seiten das Christentum „inspiriert" worden war. Es gab in reicher Zahl Schöpfungs-, Erlösungs- und Erleuchtungsberichte unter den Schriften, kurz ein wildes Sammelsurium von gegensätzlichen Behauptungen. Dadurch konnten die sorgfältig zurechtgezimmerten Theologien der Großkirchen ins Wanken geraten.

Wie reagierten die etablierten Kirchen? Nun, die Großkirchen standen Kopf. Erneut waren Schriften entdeckt geworden, die alles über den Haufen zu werfen drohten, was bislang als kanonisch und echt galt. Theoretisch konnten Milliarden Gläubige verunsichert werden.

Wie lösten die Großkirchen das Problem? In bekannter Manier: Ihre „Wissenschaftler" unterschieden wieder eilig zwischen apokryphen Schriften, die als ketzerisch apostrophiert wurden, und einigen wenigen echten Jesusworten. Alle anders lautenden Ansichten wurden vom Tisch gewischt. So leicht ist es, seine Meinung durchzusetzen.

Dennoch kehrte keine Ruhe ein. Als dann auch noch das sogenannte Judas-Evangelium auftauchte, drohte ein neuer Skandal. Das schlug dem Fass nun endgültig den Boden aus. Der Krieg ging seinem Höhepunkt entgegen.

9.
VORSICHT SPRENGSTOFF!
DAS JUDAS-EVANGELIUM

Auch das Judas-Evangelium gäbe Stoff für einen Krimi ab. Schon Irenäus von Lyon, seines Zeichens begabter Ketzerjäger und wichtiger Bischof, erwähnte um 180 n. Chr, dass es ein Judas-Evangelium gebe. Irenäus hatte es offenbar in Gallien, auf heutigem französischem Boden, entdeckt und sogleich wild entschlossen dagegen angeschrieben. Es enthielt seiner Meinung nach grundfalsche Informationen. Aus dem Zorn des Irenäus spricht eine furchtbare Angst. Er bibberte davor, einige hochbrisante Nachrichten könnten bekannt werden, die besser unter den Teppich gekehrt werden sollten.

Wer war Irenäus von Lyon? Nun, er war der Bischof von Lyon (Frankreich) und ein bedeutender Theologe, der sich die Finger wund schrieb, um die Schäfchen auf der richtigen Weide zu halten. Vor allem kämpfte er gegen Ketzer, also gegen alle Menschen, die nicht seine Vorstellungen von der „richtigen" christlichen Anschauung teilten. Und das, obwohl er selbst eine Theologie verfocht, die die römisch-katholische Kirche und die meisten protestantischen Kirchen heute mit Stirnrunzeln kommentieren würden. Er betonte, dass es nur vier Evangelien gebe, denen man rückhaltlos vertrauen dürfe – nämlich Markus, Matthäus, Lukas und Johannes. Aber immerhin zitierte er auch aus einem Judas-Evangelium.

Zunächst jedoch geriet das Judas-Evangelium in Vergessenheit, es wurde aktiv totgeschwiegen und vielleicht sogar mutwillig zerstört. Es ist nicht auszuschließen, dass viele Exemplare verbrannt wurden.

Verfolgen wir dennoch zumindest in groben Zügen das Schicksal dieses gefürchteten Evangeliums. Denn es hatte offenbar ein Judas-Evangelium gegeben, aber es war nicht mehr auffindbar.

In den Achtzigerjahren horchte die gesamte Weltpresse auf. Ein Exemplar des Judas-Evangeliums war wiederentdeckt worden. Die Theologen der Großkirchen gerieten erneut ins Schwitzen. Wieder liefen die Drähte hinter den Kulissen heiß. Was stand im Judas-Evangelium? Wurde dadurch etwa abermals das Christentum infrage gestellt? Würde es die Macht und den Einfluss des Vatikans beschneiden? In Rom begann man zu zittern. Der Papst rutschte unruhig auf seinem Stuhl herum. Möglicherweise enthielt das Judas-Evangelium Passagen, die sogar seine Autorität anzweifelten.

Der Fund des Judas-Evangeliums kam einem kleineren Erdbeben gleich, nicht anders als die Funde von Qumran und Nag Hammadi.

Das wieder aufgefundene Judas-Evangelium wurde wie ein

heißes Eisen angefasst. Offenbar stammte der Papyrus aus dem 4. Jahrhundert n. Chr. Möglicherweise lag ihm aber ein Text aus dem 1. Jahrhundert n. Chr. zugrunde, so spekulierte man. Aber nichts war sicher. Sicher war nur, dass es hier eine weitere Quelle über das Christentum gab, das völlig neue Einsichten bringen konnte.

Der unvorstellbar kostbare Fund gelangte zunächst in die Hände eines ägyptischen Händlers, der den Papyrus zu einem schwindelerregenden Preis zum Verkauf anbot – auf allen Märkten der Welt. So sorgfältig und so seriös wie möglich fahndete der Händler hinter den Kulissen nach potenzieller Kundschaft. Möglicherweise ließen sich damit Unsummen verdienen! Immerhin stand vielleicht erneut das Schicksal des Christentums auf dem Spiel. Das Christentum hatte genügend Verteidiger und Feinde, die sich wahrscheinlich die Finger nach diesem Dokument leckten!

Da geschah etwas Unvorhersehbares: Das Judas-Evangelium wurde gestohlen, es wurde von Langfingern entwendet, die man bis heute nicht ausfindig gemacht hat. Alle Welt rätselte, die Empörung schlug haushohe Wellen. Doch bevor der allgemeine Zorn um sich greifen konnte, tauchte der Papyrus wieder in der ägyptischen Hauptstadt Kairo auf.

Jetzt endlich fand sich auch ein Käufer für das hochbrisante Judas-Evangelium. Der kostbare Papyrus kam über die Schweiz nach New York. In New York wiederum verschwand der Papyrus aufs Neue – diesmal in einem Bankschließfach, wo er über 16 Jahre blieb. 16 Jahre! Sollte das Judas-Evangelium absichtlich totgeschwiegen werden?

Wieder erhoben sich murrende Stimmen. War der Inhalt zu explosiv, als dass er bekannt werden durfte?

Verschwörungstheorien machten die Runde. Einige Schreiberlinge erfanden zahlreiche Märchen und Gerüchte rund um den mysteriösen Papyrus. Und noch immer hatte sich die Wissenschaft nicht des Judas-Evangeliums bemächtigt, über die Inhalte konnte allenfalls spekuliert werden. Ein Geheimnis par excellence!

Im Februar 2002 schließlich erwarb die Maecenas-Stiftung mit Sitz in Basel das Judas-Evangelium. Endlich konnte der Papyrus untersucht werden. Es stellte sich heraus, dass er aus 31 Blättern bestand, die auf der Vorder- und Rückseite beschrieben waren – so jedenfalls die Aussagen einiger honoriger Wissenschaftler. Aber es existierte nur noch ein Teil dieser Blätter. Wo war der Rest? Da der Papyrus nicht sachgemäß gelagert worden war, war er in hundert kleine Fragmente zerfallen. Ein Puzzlespiel! Der renommierte Gregor Wurst von der Universität Augsburg wurde beauftragt, die einzelnen Teile des Puzzlespiels wieder zusammenzusetzen – ein Wissenschaftler mit gutem Ruf. Eine unvorstellbare Kleinarbeit begann. Die besten Computerexperten machten sich daran, und das gesamte heute zur Verfügung stehende wissenschaftliche Arsenal wurde eingesetzt, sodass schließlich rund 90 Prozent des Judas-Evangeliums rekonstruiert werden konnten.

Die Welt, vor allem die theologische Welt, hielt den Atem an. Was würde das Judas-Evangelium enthüllen? Welche bislang vielleicht unterdrückten Informationen würde der Verfasser den Christen verraten?

Rodolphe Kasser, Professor in Genf, publizierte das Judas-Evangelium zum ersten Mal im Jahr 2006, später erschienen verschiedene andere Ausgaben. Hinter den Kulissen tobte eine Schlacht um das Copyright, die es in sich hatte. Natürlich ging es um viel Geld. *National Geographic* schaltete sich ein und veröffentlichte weltweit eine mehrstündige Fernseh-Dokumentation über das Judas-Evangelium. *National Geographic* sprach von der „bedeutendsten Entdeckung der biblischen Archäologie".

Aber wichtiger war, dass Kassers Übersetzung inzwischen heftig angegriffen wurde. Andere Autoritäten monierten böse Übersetzungsfehler, die das Judas-Evangelium angeblich völlig entstellten. Und so wird der Streit der Gelehrten vermutlich noch andauern. Denn auch hier wird mit harten Bandagen gekämpft: Es geht um wissenschaftliche Reputation, um Macht, um Geld und Ansehen. Unterschiedliche Publikationen erschienen, in verschiedenen Sprachen. Man hieb im Kreise der Gelehrten heftiger aufeinander ein als Karl der Große auf die Sachsen.

Dennoch kann man inzwischen davon ausgehen, dass das Judas-Evangelium weitgehend entschlüsselt ist. Packen wir also aus.

DER INHALT DES JUDAS-EVANGELIUMS

Das Judas-Evangelium hält sich in vielen Punkten an die vier Evangelien, die die Kirche zu lesen gestattet – also an Matthäus, Lukas, Markus und Johannes.

Grundsätzlich beschreibt es das Leben Jesu, der zahlreiche Wunder wirkt. Jesus treibt Dämonen aus, heilt Fieberkranke und Aussätzige, macht Blinde sehend und Lahme gehend, stillt den Blutfluss, lässt einen Kranken sogar per Fernheilung genesen, weist immer wieder auf wahre Ethik hin, die der Buchstaben-Ethik der Juden weit überlegen ist, und vieles mehr. Auch die wunderbare Brotvermehrung finden wir im Judas-Evangelium, ferner das letzte Abendmahl, die Gefangennahme und die Kreuzigung.

Allerdings gibt es zwei wichtige Unterschiede; der zweite könnte das Christentum tatsächlich vollkommen verändern.

DIE FIGUR DES JUDAS

Betrachten wir den ersten Unterschied. Der Verfasser des Judas-Evangeliums gibt vor, Judas' Sohn zu sein! Sein Name laute Benjamin Iskariot – wobei *ish-keriatoh* wörtlich übersetzt „einer aus Kerioth" bedeutet, sprich aus der Stadt, in der Judas geboren worden war. Dieser Benjamin Iskariot behauptet, die Rolle seines Vaters – Judas – sei bislang völlig falsch interpretiert worden und sein Vater habe ihm höchstpersönlich die Wahrheit über die eigene Rolle und den Leidensweg Jesu gesagt. Konkret erklärt er:

„Ich Benjamin, Sohn des Judas Iskariot, sein Erstgeborener, habe den Bericht meines Vaters über die damaligen Ereignisse vernommen und alles, was er sah und hörte, genau aufgezeichnet, ursprünglich auf Aramäisch – der Sprache, die Jesus sprach – und dann auf Griechisch, das mich mein Vater schon in jungen Jahren lehrte." (Judas-Evangelium, Kapitel 1, 6)[1]

Benjamin Iskariot beteuert weiter, sein Vater Judas sei keineswegs ein Verräter gewesen, habe sich nicht das Leben genommen und die Darstellungen über seinen Abba, seinen Vater, seien erstunken und erlogen. Judas sei vielmehr ursprünglich ein Jünger von Johannes dem Täufer gewesen, habe aber schließlich dessen Weisung gehorcht, ihn zu verlassen, um stattdessen Jesus nachzufolgen. Daraufhin habe er Johannes den Rücken gekehrt und sich Jesus angeschlossen.

Wie alle Jünger habe er sich ständig gefragt, wer Jesus wirklich sei. Der Messias? Ein Prophet? Ein Menschensohn und sterblich? Gott selbst? Zuletzt habe Judas Jesus nicht verraten, sondern sei der Intrige eines (jüdischen) Schriftgelehrten aufgesessen, der ihm weisgemacht habe, er, der Schriftgelehrte, wolle Jesus lediglich vom Tod erretten. Daraufhin habe Judas den römischen Soldaten die Identität Jesu verraten, aber nur um Jesus zusammen mit dem Schriftgelehrten vor dem Tod zu bewahren. Judas sei also der treueste aller Jünger gewesen und habe Jesus nur helfen wollen.

Als er Jesus schließlich unfreiwillig verraten habe (wie gesagt aufgrund der Intrige des jüdischen Schriftgelehrten), sei er auf den Schriftgelehrten mit den blanken Fäusten losgegangen, habe auf ihn eingeschlagen und gerufen: „Du hast mich betrogen." (Judas-Evangelium, Kapitel 21, 16) Aber niemand habe ihm geglaubt, alle hätten ihn für einen elenden Verräter gehalten.

Gemieden von den Juden und den Christen habe sich Judas daraufhin der Gemeinschaft der Essener angeschlossen, die in einer Festung an den Ufern des Salzmeeres lebten, in Qumran.

Erinnern wir uns noch einmal: Die Essener waren eine jüdisch-religiöse Gruppierung mit strengen Geboten, die im Gegensatz zu den traditionellen jüdischen Schriftgelehrten stand. Qumran ist ein Ort in der Nähe des Toten Meeres. Das Tote Meer wurde auch als Salzmeer bezeichnet. Dort gab es ehemals eine Festung, in der die Essener Zuflucht fanden.

In Qumran habe Judas jahrelang gearbeitet, gebetet und Jesus' Tod betrauert. Dort habe ihn Benjamin Iskariot eines Tages aufgespürt. Die Essener hätten ihm zwar nur widerstrebend ihre Tore geöffnet, aber schließlich habe Benjamin Iskariot seinen Vater doch treffen dürfen. Judas habe ihm die volle Wahrheit gesagt und alles richtiggestellt: Er habe Jesus nie verraten.

Inmitten all dieser aufregenden Bekenntnisse, so Benjamin Iskariot, sei jedoch eine ernste Gefahr auf sie zugekommen: Die Römer hätten zu dieser Zeit rebellische Judenfestungen dem Erdboden gleichgemacht, und deshalb habe sein Vater darauf bestanden, dass sein Sohn Qumran so schnell wie möglich verlasse. Benjamin Iskariot sei widerstrebend aufgebrochen, habe seine Notizen in einem

Lederbeutel verstaut und seinem Vater den Rücken gekehrt. Judas wiederum sei in Qumran zurückgeblieben. Und was geschah dann mit ihm? Lauschen wir dem Original:

„Die Tore der Festung wurden verriegelt und verbarrikadiert, während sie den Anmarsch des römischen Heeres erwarteten. Vier Tage später wurde die Festung von einer Legion römischer Soldaten überrannt. Judas wurde festgenommen und zusammen mit sieben seiner Gefährten ohne Gerichtsverhandlung zum Tod verurteilt. Judas fiel auf die Knie, als das Urteil verkündet wurde. Er dankte JAHWE, als er erfuhr, dass er dasselbe Schicksal erleiden würde wie Jesus. Judas starb, wie Jesus gestorben war. Die Römer kreuzigten ihn." (Judas Evangelium, Kapitel 25, 54–59)

Das liest sich deutlich anders als die Geschehnisse in den anderen Evangelien. Man könnte in aller Naivität fragen, wer denn nun Recht hat. Aber in gewissem Sinne ist es völlig egal, ob Judas ein Verräter war oder nicht. Und ob er sich erhängte oder gekreuzigt wurde. Weitaus bedeutsamer ist, dass im Judas-Evangelium vollkommen andere Aussagen über Jesus getroffen werden! Und jetzt wird es wirklich hochbrisant, es wird geradezu superspannend: Was sagte Judas über Jesus Christus, was so nicht in den anderen Evangelien steht?

DIE FIGUR DES JESUS CHRISTUS

Lassen wir die Katze gleich aus dem Sack: Judas behauptete – so jedenfalls sein Sohn Benjamin, der das Judas-Evangelium angeblich verfasste –, Jesus Christus sei kein Gott gewesen! Zugegeben, dieser Jesus Christus, wie Judas ihn kannte, habe durchaus Kranke geheilt, aber schon die Behauptung, Jesus sei über

Wasser gegangen oder habe bei einer Hochzeitsfeier Wasser in Wein verwandelt, sei blanker Unsinn. Judas spöttelte sogar über solche Geschichten.

Jesus sei lediglich ein Prophet unter vielen gewesen, „aber nicht der lang erwartete Messias". (Judas-Evangelium, Kapitel 1, 7)

Und noch deutlicher: „Obwohl Judas nicht mehr daran glaubte, dass Jesus der Messias war, hatte er doch nie den Glauben an das Urteil von Johannes dem Täufer verloren: Er ist ein Mann Gottes." (Judas-Evangelium, Kapitel 22, 2)

Und: „Er [Judas] hielt an dem Glauben von Johannes dem Täufer fest, dass Jesus ein heiliger Mann, sogar ein Prophet war, der in der Nachfolge von Jeremias, Jesaia und Hesekiel stand." (Judas-Evangelium, Kapitel 24, 11)

Was könnte explosiver sein? Judas beharrte darauf, dass JAHWE der einzig wahre Gott sei und Israel das auserwählte Volk. Und Jesus lediglich ein Prophet.

Judas glaubte auch nicht, dass Jesus von den Toten auferstanden sei, und sprach lediglich von Gerüchten darüber.

Damit wird die ungeheure Brisanz des Judas-Evangeliums deutlich. Erinnern wir uns: Auf verschiedenen Konzilen (von Nicäa, 325 n. Chr. und Chalkedon, ebenfalls in der Türkei gelegen, 451 n. Chr.) verständigte sich die „allein seligmachende" Kirche darauf, dass Jesus ein Gott gewesen sei, dass er Gott sei. Die zweite Person der göttlichen Trinität sei Jesus Christus! Das hatte man festgeschrieben, das hatte man in Stein gemeißelt. Daran durfte man nicht mehr rütteln. Das Judas-Evangelium war ein Schlag ins Gesicht dieser Übereinkunft, dieses Glaubens, den die damaligen Autoritäten diktiert hatten.

Nun versteht man die ungeheure Aufregung um das Judas-Evangelium: Dieses Zeugnis aus dem Urchristentum stellte das gesamte Lehrgebäude infrage, das man sich auf einigen Konzilen zurechtgebastelt hatte. Damit geriet der Führungsanspruch der mächtigen Bischöfe in Gefahr, auch des Bischofs von Rom, des späteren Papstes. Jesus war angeblich kein Gott, ja nicht einmal der Messias! Gut, er hatte ein paar Kranke geheilt und, ja, er war gekreuzigt worden, nicht anders als sein Jünger Judas. Aber Jesus Christus war lediglich ein Prophet, ein heiliger Mann, ein Mann Gottes, aber eben ein Mensch. Die Göttlichkeit Jesu wurde angezweifelt. Jesus Christus war keine außergewöhnliche Gestalt. Fromme Männer, die heilen konnten, hatte es ja in der Geschichte schon immer gegeben – geradezu haufenweise.

Das komplette Gebäude des Christentums geriet ins Wanken. Offenbar gab es ein Zeugnis aus dem Urchristentum, das Jesus Christus auf das rechte Maß zurechtstutzte. Wie sollte man das den Gläubigen erklären? Würde man nicht in entsetzliche Erklärungsnöte geraten? Das Judas-Evangelium war ein Dorn im Auge der Großkirchen, allen voran des Vatikans.

Nun versteht man auch, warum das Judas-Evangelium ein so heißes Eisen war, warum es „unerklärlicherweise" gestohlen wurde und warum es in einem Schließfach in den USA fast verschimmelte. Kurz gesagt gab es mächtige Interessengruppen, denen nicht daran gelegen war, dass das Judas-Evangelium populär wurde.

Gewaltige Pfründe standen auf dem Spiel, allein in Rom besitzt die katholische Kirche rund ein Viertel aller Immobilien. Milliarden Dollar, die in Zukunft verdient werden konnten oder eben auch nicht, gerieten in Gefahr. Die Macht über 2,3 Milliarden Christen war gefährdet.

Die Argumentation begann zu wackeln, das Fundament des Christentums bröckelte. Wenn Jesus Christus nicht Gott war – wie sollte man dann in Zukunft die Einzigartigkeit des Christentums beweisen? Zum Teufel mit dem Judas-Evangelium! Man konnte sich doch keinen Strich durch die Rechnung machen lassen, nachdem man sich alles so schön zusammengesponnen und die Menschheit zwei Jahrtausende lang an der Nase herumgeführt hatte. Also wurden die gescheitesten Theologen an die Aufgabe gesetzt, das Judas-Evangelium zu zerreißen, zu verunglimpfen und zu verdammen.

So weit der offizielle Streit.

Doch wie sieht die „echte Wahrheit" aus?

Nehmen wir auch in dieser Beziehung kein Blatt vor den Mund und reden wir frei von der Leber weg.

DIE VIEL STRAPAZIERTE VOKABEL „WAHRHEIT"

Liest man das Judas-Evangelium mit einer gewissen Distanz, fällt sofort auf, dass es einige höchst zweifelhafte Umstände gibt. Sie lassen den Leser aufhorchen, sofern er nur alle Sinne beisammen hat.

Zunächst muss man festhalten, dass es sich beim Judas-Evangelium um eine Übersetzung handelt, die laut dem Religionshistoriker Gregor Wurst aus dem 4. oder 5. Jahrhundert n. Chr. stammt. Eine recht späte Schrift also, und kein Original.

Heutzutage lässt sich mithilfe physikalischer Untersuchungen das Alter bestimmter Papiere zweifelsfrei feststellen. Es ist also keine besonders alte, ehrwürdige, originale Quelle, vor der man besonders großen Respekt haben müsste.

Zugegeben, die Vermutung, dass es eine Urschrift gegeben habe, bestätigt unser bereits erwähnter Ketzerjäger Irenäus von Lyon. Aber wer kann schon mit Sicherheit sagen, wie sie ausgesehen hat? Oder wie viele Fehler sich bei Abschriften und Übersetzungen eingeschlichen haben – speziell wenn diese Abschriften einer bestimmten Theologie oder bestimmten Machtverhältnissen das Wort reden sollten? Es handelt sich also um eine elende Quelle.

Außerdem machen den heutigen Leser all diese Beteuerungen stutzig. Je häufiger eine Person betont, dass es ihr nur und einzig um die Wahrheit gehe, desto misstrauischer wird man. Das Judas-Evangelium strotzt von solchen Beteuerungen. Wer glaubt denn schon ernsthaft, dass der Sohn Benjamin den allseits geschmähten Vater in einer entfernten Festung zufällig gefunden, unter Strapazen aufgesucht, interviewt und danach alles sorgfältig aufgeschrieben hat? Und das gleich in zwei Sprachen? Diese Geschichte wirkt so konstruiert und an den Haaren herbeigezogen, dass jeder bloß mittelmäßig begabte Romanschreiber nur ungläubig den Kopf schütteln kann und mit einer besseren Idee aufwarten könnte. Sie ist geradezu albern, jedenfalls nicht besonders glaubwürdig.

Sehr viel wahrscheinlicher ist Folgendes: Da der Verfasser der Urschrift offenbar geraume Zeit nach Jesus Christus lebte, musste er seine Aussagen legitimieren. Dazu erfand er ein hübsches Märchen. Um seine Schrift wahrhaftiger, sprich glaubwürdiger, zu machen, erdichtete er diesen direkten Draht zu Judas.

Nicht glaubwürdiger ist nebenbei bemerkt der hier beschriebene Judas selbst: Erst lief er Johannes dem Täufer nach, dann Jesus, dann den Essenern. Ein Wendehals. Wer würde schon einem Zeitgenossen glauben, der erst ein Jude ist, dann ein Christ und dann ein Muslim? Wer würde ihn als ernsthaften Zeugen akzeptieren?

Auch die übrigen Wahrheitsbelege sind töricht bis naiv. Studiert man sorgfältig, wie in der Vergangenheit gelogen wurde, wird man schnell hellhörig. Eine Technik der Lüge bestand darin, Bezüge herzustellen. Die Glaubwürdigkeit einer Schrift erhöhte sich, indem man allgemein bekannte historische Begebenheiten geschickt einflocht. Aus diesem Grund werden im Judas-Evangelium sowohl der römische Kaiser Titus also auch seine randalierenden Soldaten erwähnt. Die kannten alle Juden und jeder, der halbwegs mit der Geschichte vertraut war. Deshalb wurde auch ein bekannter und realer Ort erwähnt (Qumran). Denn dies erhöhte ebenfalls den Wahrheitsgehalt. Und um diesen Trick wusste man in gelehrten Kreisen sehr wohl.

Judas wird darüber hinaus als „Augenzeuge" bezeichnet. Wenn eine Schrift allerdings vierhundert Jahre später einen Augenzeugen zitiert, dann ist das eine verflixt haarige Angelegenheit; vor allem wenn die Urschrift nicht zur Verfügung steht. Wir haben es hier also mit einer Quelle zu tun, die rund vierhundert Jahre alt ist. Von einem „Augenzeugen" kann keine Rede sein. Aber das Wort allein suggeriert bereits Seriosität, tatsächlich wird es von verschiedenen Evangelisten überstrapaziert.

Skeptisch macht auch die Bemerkung, dass Benjamin den Bericht erst auf Aramäisch und dann auf Griechisch geschrieben habe. Griechisch habe ihm angeblich sein Vater beigebracht. Aber wer schreibt so einen Bericht schon zweisprachig nieder? Nur wirklich gelehrte Menschen können sich problemlos in zwei Sprachen schriftlich gekonnt ausdrücken. Und Judas war bloß ein Büßer und Beter, von Gelehrtheit keine Spur. Da soll er seinem Sohn so viel Gelehrsamkeit vermittelt haben?

Ferner machen die auffallend zahlreichen Parallelen zu den anderen Evangelien stutzig, die zum Teil wörtlich abgeschrieben sind. Hieran erkennt jeder Trottel sofort, was suggeriert werden soll: Erneut soll die eigene Glaubwürdigkeit erhöht werden. Denn bestimmte Realitäten des Neuen Testaments waren ja bereits akzeptiert. Der Verfasser des Judas-Evangeliums profitierte also von einer weithin anerkannten Realität.

Und so muss das Fazit vernichtend ausfallen: Das Judas-Evangelium ist eine Fälschung, die der Autor auf ein paar Blättern zusammengeschmiert hat. Es handelt sich um einen tendenziösen Bericht, der einer bestimmten Richtung und Meinung das Wort reden soll. Dafür wurde so frech gelogen, dass die Engel im Himmel aufhörten, Hosianna zu singen.

Haben der Vatikan und andere christliche Großkirchen also doch recht? Bewegen sich die christlichen Großkirchen auf sicherem Grund, wenn sie nur die Evangelien nach Markus, Matthäus, Lukas und Johannes gelten lassen? Hiermit begeben wir uns erneut auf sehr heißen Boden.[2]

DAS NEUE TESTAMENT

Auch das Neue Testament und die vier Evangelien, die von den Großkirchen als „korrekt" und „wahr" angesehen werden, sind natürlich zweifelhafter Natur. Bei der Verfasserfrage wurde gelogen, dass sich die Balken bogen, worauf wir bereits aufmerksam gemacht haben. Auch über das Alter einiger alter Papierfetzen sagte man nicht immer die Wahrheit. Man suggerierte den Gläubigen, dass die vier Evangelien recht früh entstanden seien und es sich um Augenzeugen-Berichte handele. Man kann das Wort fast nicht mehr hören. Aber physikalische Untersuchungen, Stiluntersuchungen und die höhere Bibelkritik haben inzwischen ohne Wenn und Aber festgestellt, dass es sich bei keinem Einzigen der vier „korrekten" Evangelien um Augenzeugen-Berichte handelt. Historisch gesehen sind sie geradezu wertlos.

Bei den ursprünglichen Quellen handelt sich um Abschriften von Abschriften, die bis ins 2., 3. und 4. Jahrhundert n. Chr. zurückreichen – auch darauf sind wir bereits eingegangen. Wer könnte es also wagen, hier von geschichtlicher Wahrheit zu sprechen?

Wir können den anderen vier Evangelien dieselbe Kritik ange-
deihen lassen wie dem Judas-Evangelium.

Doch was ist beim Judas-Evangelium wirklich Sache?

DIE ABSICHT DES JUDAS-EVANGELIUMS

Wie bereits erwähnt wissen wir heute, dass es im frühen Christentum durchaus unterschiedliche Gruppierungen gab. Man bekämpfte sich vehement, denn es gab buchstäblich Dutzende verschiedene
Richtungen für den „richtigen Glauben". Über Jesus Christus wurde
alles Mögliche zusammenfantasiert. In einer ungeheuren Sorglosig-
keit, wie sie fast allen Priestern aller Religionen eigen ist, wurden im
Zusammenhang mit Jesus die abenteuerlichsten Wunder berichtet.
Wir kennen das schon im Kontext von Pythagoras, Buddha, Konfuzius, Mohammed und anderen. Stets wurde unfassbar gelogen.

Der Grund war immer derselbe: Die Schafe mussten auf der
„richtigen" Weide gehalten werden. Immer achteten die Meinungsführer der verschiedenen Strömungen darauf, dass das eigene Glaubensbekenntnis nicht zu kurz kam.

Und der Verfasser des Judas-Evangeliums, kein sonderlich begabter Schreiber, verfocht die Ansicht, Jesus sei kein Gott gewesen,
sondern lediglich ein Prophet. Damit wollte er der sich formierenden Kirche, aus seinen Augen der Konkurrenz-Kirche, eins aus-
wischen. Er wollte ihr eins überbraten. Und dazu benutzte er die
gleichen Lügen-Techniken, derer sich die Verfasser der Evangelien
nach Markus, Matthäus, Lukas und Johannes bedient hatten. Er
schlug die Gegner mit ihren eigenen Waffen.

Hier kämpfte eine Glaubensrichtung gegen eine andere, ein
Lügner gegen einen anderen. Dabei ließ man es sich nicht nehmen,

immer den Gegner der Lüge zu bezichtigen und manchmal seine Behauptungen mit den übelsten Schmähungen zu begleiten. Fromme Männer! Und so werden wir bis ans Ende aller Tage, jedenfalls solange es christliche Großkirchen gibt, einen ewigen Zwist, Zank und Streit sehen.

Dabei befand sich gewissermaßen „hinter" dem Judas-Evangelium tatsächlich eine hochbrisante Kunde. Darin verbarg sich nämlich eine Geheimbotschaft, die ebenfalls in vielen anderen nicht offiziell anerkannten Evangelien enthalten war und die wir immer wieder angedeutet haben. Diese Geheimbotschaft thematisierte die Seele selbst, ihre wahren Fähigkeiten und beschrieb eine Falle, in die die Seele geraten war. Kurz gesagt drehte es sich um das esoterischste Wissen, das im Altertum zirkulierte und oft nur in Geheimzirkeln weitergegeben wurde.

Wir werden später ausführlich darauf zu sprechen kommen, zunächst allerdings lediglich so viel: Vergessen wir nicht, Konstantin der Große versuchte, allen häretischen Sekten, „schätzungsweise die Hälfte aller Christen im Römischen Reich …, auf dem Wege der Gesetzgebung ein Ende zu machen".[3] Die Hälfte aller christlichen Ideen sollte ausgerottet werden. Doch das gelang nur unvollkommen. Viele Ideen lebten fort, manchmal brauchten sie allerdings fast zwei Jahrtausende, um wieder das Licht der Welt zu erblicken. Und so kennen wir mittlerweile auch wieder das Judas-Evangelium, dem einst das „Lebenslicht" ausgeblasen werden sollte. Doch der Anschlag misslang.

Wie haben wir nun insgesamt über die „apokryphen" Evangelien zu urteilen, über Qumran, Nag Hammadi, das Judas-Evangelium und alle anderen Funde?

WAS UNS DIE APOKRYPHEN EVANGELIEN LEHREN

Fassen wir unsere Erkenntnisse über all diese apokryphen, sprich geheimen, verbotenen, „falschen" Evangelien zusammen. Folgende Ergebnisse haben wir:

Die Unlogiken, Widersprüchlichkeiten und Techniken der Lüge innerhalb der „geheimen" Evangelien sind so offensichtlich, dass man über ihren Wahrheitsgehalt nicht näher nachdenken muss. Sie sind erlogen und erfunden.

In Wahrheit bekämpften sich ehemals zahlreiche christliche Sekten bis aufs Messer. In diesem Kampf war jedes Mittel recht, selbst die Fälschung. Und so entstanden zahlreiche apokryphe Evangelien.

Die Aussagen über Jesus Christus sind allein deshalb völlig unbrauchbar, weil sie zu widersprüchlich sind. Jesus Christus kann nicht gleichzeitig homosexuell und verheiratet gewesen sein. Er kann nicht gleichzeitig ein normaler Mensch und ein Gott sein, um nur zwei Widersprüche zu nennen. Man könnte sie leicht um viele erweitern.

Das wirft jedoch auch auf die „erlaubten" Evangelien der Großkirchen ein seltsames Licht. Denn es war offenbar ein religiöser Krieg ohnegleichen im Gange, weshalb wahrscheinlich auf beiden Seiten unbeschreiblich gefälscht wurde. Zur höheren Ehre Gottes wurde geflunkert, wurden Geschichtchen und Gemeindefantasien vermischt und Ereignisse erfunden. Es wurde zurechtgestriegelt und Vermutungen zu Ereignissen erhoben, dass man nur die Hände über dem Kopf zusammenschlagen kann. Auch bei den kanonischen Evangelien nach Matthäus, Markus, Lukas und Johannes haben wir es folglich bestimmt nicht mit der Wahrheit zu tun, sondern vielmehr mit „kriegerischer" Literatur. Es galt, einen religiösen Krieg zu gewinnen, gegen die Juden, gegen die Heiden, gegen die Sekten, gegen die Gnostiker. Innerhalb der christlichen Glaubensbekenntnisse waren die Gnostiker die gefährlichsten Gegner. Denn es handelte sich vielfach um Intellektuelle, die etwas von Philosophie verstanden. Aber innerhalb der christlichen Großkirche verstand man dafür umso mehr von Theologie. Und so wurden die theologischen Waffen gewetzt und zum Einsatz gebracht. Die Theologie tötete die Philosophie.

Mit welchen Waffen? Mit Flüchen, mit dem Bannstrahl, mit Exkommunikation, mit dem Ausschluss aus der Kirche und recht früh mit Verfolgung, später mit Folter, mit dem Scheiterhaufen, dem Kerker und mit Todesurteilen. Außerdem wurden die Evangelien nach Markus, Matthäus, Lukas und Johannes zur einzigen Wahrheit erhoben. Und da Kaiser Konstantin mit von der Partie war, hatte man auch die weltliche Gewalt auf seiner Seite.

Was können wir über den historischen Jesus lernen?

Alle diese Evangelien waren wie gesagt Kampfschriften. Und wer hätte je im Krieg die Wahrheit gesagt? Immerhin verfestigte sich das Bild über diesen Jesus Christus. Vorher hatte es allenfalls ein paar Allgemeinplätze gegeben, die in allen möglichen Religionen zu finden waren. Sie waren seltsam unkonkret. Nicht eine einzige Stelle beschreibt, wie Jesus aussah, wie er sich bewegte, welche Eigenheiten oder welche körperlichen Charakteristiken er besaß – wir wissen nichts. Jesus war eine Unfigur, gewissermaßen eine nicht greifbare Nichtfigur. War er schön oder hässlich? Groß oder klein? War die Nase gebogen oder gerade? Welche Augenfarbe hatte er? Alles blieb seltsam unkonkret. Von Buddha beispielsweise ist bekannt, dass er sehr große Ohren und Ohrläppchen besaß und eine eher füllige Figur. Über Jesus Christus wissen wir nichts.

Zudem ergeben die zahlreichen hinzuerfundenen Ereignisse ein krauses, ein widersprüchliches Bild, das auf alle „Zeugen" ein schiefes Licht wirft.

Und so muss man denn notgedrungen zu dem Schluss kommen, dass es sich bei diesen Zeugen und Autoren um Lügenbolde handelt, und bei den Zeugnissen um mehr oder wenige geschickte Fälschungen.

Wir müssen also notgedrungen weiterforschen.

Untersuchen wir deshalb im Folgenden, was es mit dem Messias wirklich auf sich hatte.

10.
MESSIAS MAL VIER:
DAVID REUBENI, MANI,
APOLLONIUS VON TYANA,
SABBATAI ZWI

Es gab in der Geschichte zahlreiche Heilsgestalten, die man als „Heiland", „Erlöser" oder „Messias" bezeichnete.

Buddha war eine davon.

Wir kennen den Begriff „Maitreya" (oder „Mettaya", „Metteyya") – ein Name, der auf die künftige Wiedergeburt Buddhas hindeutet. Maitreya gilt im Buddhismus als der kommende Erlöser. Das Wort leitet sich wahrscheinlich vom uralten indischen Wort *maitri* her, was so viel wie „Liebe zu allen Menschen" bedeutet. Überall, wo der Buddhismus Fuß fasste, glaubt man also, dass Buddha eines Tages wiederkehren werde und er der Messias sei.

Doch man erzählte sich noch viel mehr über Buddha (wörtl. = der Erwachte, der Erleuchtete). So berichten etwa Legenden, dass nach seiner jungfräulichen Geburt ein großes Licht am Himmel erschien und die Tauben zu hören, die Stummen zu sprechen und die Lahmen zu gehen begannen. Könige reisten aus der Ferne zu ihm, um ihm zu huldigen. Doch all das wurde bereits rund 500 Jahre v. Chr. kolportiert. Außerdem heißt es über Buddha, dass ihn später der Fürst des Bösen versucht habe, der Teufel persönlich also, um ihn zu verführen – genau wie Jesus Christus. Und übereifrige Jünger berichteten über Buddha alle möglichen Wunder, obwohl der Erleuchtete selbst von den Prahlereien nicht allzu erbaut war.

Wer könnte Parallelen zu den Geschichten um Jesus Christus leugnen?

Als der Buddhismus sich auszubreiten begann, entwickelten sich Gebräuche, Gesetze und Glaubenssätze, die erstaunliche Ähnlichkeiten mit dem Christentum haben; allerdings bestanden sie schon lange vor Christus. Hier eine (unvollständige) Aufzählung:

die Reliquienverehrung,

der Gebrauch von Weihwasser,

Kerzen und Weihrauch,

der Rosenkranz,

geistliche Gewänder,

eine liturgische, tote Sprache,

Mönche und Nonnen,

die Klostertonsur,

das Zölibat,

die Beichte,

die Fasttage,

die Heiligsprechung,

das Fegefeuer und

die Totenopfer.

Natürlich sind die Parallelen so frappierend, dass man kaum an einen Zufall glauben kann.

Betrachten wir übergangslos den Mithras-Kult.

Der Gott Mithras stammte ursprünglich aus Persien und Indien. Doch dieser Kult dehnte sich bis an die Grenzen des römischen Reiches aus. Hier entwickelte er sich zum Geheimkult. Einige Forscher vermuten, dass er nicht importiert wurde, sondern dass ihn die Römer regelrecht neu erfanden.

Wie dem auch sei, der ursprüngliche Mithras kämpfte jedenfalls gegen die Mächte der Finsternis, gegen das Übel, das Böse und die Lüge. Der siebte Tag jeder Woche galt als heilig. Ende Dezember feierten die Mithrasgläubigen zur Wintersonnenwende den „Geburtstag" ihres Gottes, wobei die „unbesiegbare" Sonne, die ja ebenfalls ständig wiederkehrte, dafür zum Symbol erkoren wurde.

Es gab einen Hohepriester und Priester, die sich der Ehelosigkeit verpflichtet fühlten. Darüber hinaus weihte man Brot und Wein. Nach dem Tod, so nahm man an, mussten alle Menschen vor dem Richterstuhl des Mithras erscheinen. Die unreinen Seelen wurden zur ewigen Qual verdammt, die reinen stiegen durch sieben Sphären in den Himmel auf.

Zahlreiche Gotteshäuser waren dem Mithras geweiht, die Zeremonie unterschied sich nicht fundamental von der „heiligen Messe" der Christen.

Einige christliche Kirchenväter wüteten später gegen die Mithrasgläubigen, als sie die Parallelen zu ihrer eigenen Religion entdeckten. Denn auch hier gab es eine Heilsgestalt. Wer hier jedoch von wem Anleihen gemacht hatte, war gar zu offensichtlich: Die Mithrasreligion existierte lange vor dem Christentum, genau wie die Vorstellung, dass ein Gott „wiederkehren" konnte.

Davon abgesehen hat der Begriff „Messias" einen ganz spezifischen Ursprung.

DER MESSIAS

Das Wort „Messias" (hebr.: *maschiach*) geht auf die Juden zurück und bedeutet ursprünglich der „Gesalbte". Auch *Christos* bedeutet (im Griechischen) der Gesalbte. Mit dem (jüdischen) Messias-Begriff verbanden sich genaue Vorstellungen. Der Messias, so nahm man an, würde das Heil bringen, würde dem Stamme Juda angehören und wäre ein direkter männlicher Nachkomme der Könige David und Salomon. Die Juden glaubten weiter, ihr Messias würde das jüdische Volk aufrichten, um sich scharen, den jüdischen Tempel in Jerusalem wieder aufbauen und den Weltfrieden bringen. Weiter würde die ganze Menschheit endlich den einzigen wahren Gott, Jahwe, anerkennen.

Verschiedene jüdische Propheten hatten die Ankunft dieses Messias bereits vorausgesagt, so etwa Jesaja. Man nannte den (jüdischen) Messias den „Menschensohn" und glaubte, er würde in naher Zukunft vom Himmel herniederfahren. Man hoffte, er werde Israel befreien, die Heiden bestrafen und endlich dem wahren Gott zum Sieg verhelfen.

Aber andere religiöse Gruppierungen erwarteten ebenfalls sehnsüchtig eine Heilsgestalt, nicht nur die Juden. Und so war es in gewissem Sinne nur natürlich, dass eines Tages ein „Jesus Christus" auf den Plan trat.

DIE JESUS-KOPIE ODER
APOLLONIUS VON TYANA

Ein Jesus Christus? Richtig! Bis heute tut man im Allgemeinen so, als hätte es keine anderen Messias-Gestalten oder Heilsfiguren gegeben. Das entspricht aber nicht den Tatsachen. Als einen „kleinen Jesus Christus" mag man beispielsweise Apollonius von Tyana bezeichnen (40–120 n. Chr.). Die Region Tyana liegt in der heutigen Türkei. Apollonius von Tyana eiferte den griechischen Philosophen nach, besonders dem erleuchteten Pythagoras. Er verzichtete auf die Ehe, auf Fleisch und auf Wein, lehnte wie sein Vorbild Tieropfer ab und versuchte, die Menschen zu mehr Frömmigkeit und Ehrlichkeit zu erziehen. Er war ein Weisheitslehrer, dem man nur Respekt zollen kann. Er erzog seine Anhänger zur Nächstenliebe, Freundlichkeit, Freigiebigkeit und Hilfsbereitschaft – Tugenden, die er offenbar auch selbst vorlebte. Er war ein so gutes Vorbild, dass die Menschen aus ihm nach einer gewissen Zeit einen Gott machten oder ihn genauer gesagt als Sohn Gottes bezeichneten.

Anhänger schrieben ihm außerdem allerlei Wunder zu. Angeblich konnte er durch verschlossene Türen gehen, alle Sprachen verstehen (wie der Heilige Geist) und sogar Menschen vom Tod erwecken (wie Jesus Christus). Er besaß außersinnliche Wahrnehmungen, konnte Dämonen austreiben und ganze Städte vor Ungemach bewahren – das berichtet uns jedenfalls die Legende.

Seine Jünger behaupteten schließlich, er sei ihnen nach seinem Tod erschienen und in voller Leiblichkeit in den Himmel aufgefahren.

Natürlich stechen die Parallelen zur Christusfigur sofort ins Auge. Christliche Kirchenlehrer versuchten deshalb schon früh, Apollonius von Tyana zu verunglimpfen. Seine Wundertaten wurden als das Werk von Dämonen abgetan. Sie hetzten und schimpften gegen ihn, mit dem allerschmutzigsten Vokabular. Die Einzigartigkeit der Christusfigur war allein durch Apollonius' schiere Existenz bedroht. Selbst nach seinem Tod wetzten Christenpriester noch ihre Feder gegen ihn – bis ins 19. Jahrhundert hinein. Es konnte, es durfte keine Konkurrenz zu Jesus Christus geben!

Bis heute sind die Parallelen jedoch nicht abzustreiten. Folgende Gemeinsamkeiten zwischen Apollonius von Tyana und Jesus Christus lassen sich erkennen:

• Beide wurden als „Sohn Gottes" bezeichnet.
• Das Bemühen, Menschen von der Sünde abzuhalten und zu mehr Ehrlichkeit und Aufrichtigkeit zu erziehen, war Apollonius und Christus eigen.
• Beide priesen die Tugenden Nächstenliebe, Freundlichkeit und Freigiebigkeit und lebten sie vor.
• Sie erweckten Tote wieder zum Leben.
• Sie beherrschten die Kunst, Dämonen auszutreiben.
• Beiden wirkten Wunder.
• Apollonius von Tyana und Jesus Christus erschienen ihren Jüngern nach ihrem Tod – in ihrem ursprünglichen Körper.
• Beide fuhren in den Himmel auf.

Man wäre ein kompletter Narr, sähe man die Parallelen nicht und zöge nicht seine Schlüsse daraus: Die Christusfigur kann keine Originalität für sich in Anspruch nehmen, zumindest nicht, wenn man die Geschichte kennt. Wenn sie aber gar nicht so einzigartig ist, wackelt dann nicht das gesamte Lehrgebäude des Christentums?

WAS ROM
DEM CHRISTENTUM SCHENKTE

Generell werden bis heute Informationen rund um das historische Umfeld dieses Jesus Christus unterdrückt. Natürlich wurde das Christentum auch von Rom befruchtet. Verschiedene römische Bräuche, ja sogar römische Kleidungsstücke wie beispielsweise die Stola wurden nahtlos übernommen. Auch der Gebrauch von Weihrauch und Weihwasser stammt von den Römern. Kerzen und das Ewige Licht vor dem Altar kannte man ebenfalls schon im alten Rom, und selbst verschiedene (christliche) Heiligenkulte und Heiligenverehrungen hatten zumindest römische Vorbilder.

Die christliche Architektur wurde ebenfalls von den alten Römern beeinflusst. Noch wichtiger aber war vielleicht das Kirchenrecht, das auf dem römischen Recht fußte und ohne dieses nicht denkbar ist.

Selbst der Titel des Papstes lautete und lautet *Pontifex Maximus* (lat. = erster, höchster Priester) – ein Titel, den schon Cäsar 100 v. Chr. getragen hatte. Sogar der Papst war also in gewissem Sinne eine (alt-)römische Erscheinung. Und schließlich geriet die lateinische Sprache zum festen Bestandteil des christlichen Rituals.

WAS DAS CHRISTENTUM
DEM JUDENTUM VERDANKT

Und auch der Judaismus muss immer wieder genannt werden, um dem Christentum auf die Spur zu kommen. Die Form der Gleichnisse im Neuen Testament, die fesselnden Analogien, die intelligenten, kurzen, auf den Punkt gebrachten Parabeln wurden von den gelehrten jüdischen Autoren des Alten Testamentes übernommen. Die Rabbis und die Propheten, die heiligen jüdischen Männer und die Psalmisten dienten durchweg als (schriftstellerische) Vorbilder, auch und gerade für den Aufbau der religiösen Texte des Neuen Testamentes – sieht man von buddhistischen Beispielen ab, in denen die Gläubigen ebenfalls schon mit lehrreichen, kurzen Erzählungen auf den rechten Pfad gebracht worden waren. Dabei wurde nicht nur die Form abgekupfert, sondern teilweise auch der Inhalt. Vergessen wir nicht: Jesus Christus ermahnte seine Gefolgschaft, die jüdischen Gesetze zu achten. Und die judaische Lehre kannte auch das Jüngste Gericht, das Gebot der Brüderlichkeit, ja sogar das Gebot der Nächstenliebe. Schon im dritten Buch Mose wird darüber berichtet. Dem Fremdling solle Unterkunft und Hilfe gewährt werden, verlangte der Verfasser des dritten Buch Mose, und man solle generell Gutes tun. Die alttestamentarischen Propheten Jeremia und Jesaja forderten, sich auf die „Backen schlagen" zu lassen, im Falle eines Falles – woraus im Neuen Testament eine ähnliche, nur radikaler formulierte Forderung entstand. Hier hielt man auch die linke Backe hin, wenn man auf die rechte geschlagen worden war.

Ursprünglich war der Gott der Juden ein zorniger, ja ein eifersüchtiger Gott, der keinen anderen neben sich duldete. Doch im

Laufe der Jahrhunderte verwandelten einige Propheten diesen zornigen, donnernden Gott behutsam in einen Gott der Liebe. Zumindest unternahmen sie die ersten Schritte in diese Richtung wie etwa Jesaja und Hosea. Hochethische Rabbis, wie Hillel, jüdische Gelehrte mithin, verlangten zudem, sich so zu verhalten, dass das eigene Verhalten Richtschnur für andere sein könne.

All das wies bereits in Richtung des (sanfteren) Christentums und eines (gütigeren) Gottes. Das Christentum entstand also keineswegs aus dem Nichts. Fortschrittliche jüdische Propheten und Rabbis bereiteten bereits den Boden dafür.

Historia non facit saltus. „Geschichte macht keinen Sprung."

Selbst die leibliche Auffahrt in den Himmel kennen wir bereits von den Juden. Die Vorstellung, dass ein Heiliger in den Himmel aufsteigt, kannte man von Moses und Enoch. „Christi Himmelfahrt" ist demnach ebenfalls nicht neu. Sie ist abgeschrieben und abgekupfert, wobei man auch hier wieder auf den indischen Raum verweisen muss, wo ähnliche Erzählungen und Himmelfahrten kursierten.

Aber es gab noch weitere Personen in dieser Zeit, die die Einzigartigkeit von Jesus Christus durch ihre schiere Existenz infrage stellten.

MANI

Im 3. Jahrhundert n. Chr. tauchte ein weiterer Messias auf, wahrhaftig kein „kleiner Jesus", sondern eine Heilsfigur, die es in sich hatte. Ein junger, begabter, beredter, feuriger, persischer Mystiker namens Mani von Ktesiphon (ca. 216–276 n. Chr.) machte von sich reden. Ktesiphon liegt im heutigen Irak. Mani verkündete, er sei der Messias, auf den alle so sehnsüchtig gewartet hätten. Er sei von dem einzig wahren Gott auf die Erde gesandt worden, um der Menschheit sittliche Erneuerung zu bringen. Seine Lehre bestand aus zarathustrischen, mithraistischen, gnostischen, buddhistischen, christlichen und mosaischen Bestandteilen – sprich er verbreitete eine Religion, in der er alles wie in einem großen Schmelztiegel vereint hatte.

Auch Mani berief sich auf Visionen, die er angeblich im Alter von 12 und 24 Jahren hatte.

Der neue Messias predigte 30 Jahre, bis er schließlich von Konkurrenz-Priestern ans Kreuz geschlagen wurde. Man stopfte seinen toten Leib mit Stroh aus und hängte ihn zur Belehrung und Warnung an die Stadttore der persischen Stadt Susa. Andere Quellen behaupten, er sei mit dem persischen König in Konflikt geraten, sei verhaftet und ins Gefängnis geworfen worden, wo er gestorben sei. Danach habe man den Leichnam enthauptet und geschändet.

Fest steht nur sein gewaltsamer Tod. Sein Märtyrertum begeisterte jedoch die Massen derart, dass sich der Manichäismus in Windeseile verbreitete, buchstäblich in alle Himmelsrichtungen. Er fiel in China ebenso auf fruchtbaren Boden, wie er die Italiener begeisterte. Man begegnete ihm schließlich in Indien, Nordafrika und Westasien.

Auch Mani glaubte an den ewigen Kampf zwischen Gut und Böse, zwischen Licht und Dunkel, zwischen Geist und Materie. Der Körper und die materielle Welt gehörten zum Bereich des Bösen, die Seele und die geistige Welt zum Lager des Guten. Es gab im Manichäismus Auserwählte, Gebote und viele Details, die wir genauso aus dem Christentum kennen. Ferner waren dem Oberhaupt der manichäischen Kirche zwölf Lehrer unterstellt. Die geistigen Führer heirateten nicht und lebten zölibatär.

Natürlich spannen sich später zahlreiche Legenden um Mani.

In Indien wurde er als der lang erwartete *Maitreya* gefeiert, als die Reinkarnation Buddhas. Andere hielten ihn für einen Zauberer mit königlicher Abstammung. Wieder andere behaupteten, er habe sich nur als ein Apostel Christi verstanden.

Jedenfalls wurde der Manichäismus, immerhin eine Weltkirche, in der Antike und im Mittelalter in unseren Breiten massiv unterdrückt. Denn er war nicht nur ernsthafte Konkurrenz, sondern die Parallelen zum Christentum stellten eine zu große Gefahr für die bereits etablierten christlichen Großkirchen dar.

Und so geriet Mani mehr und mehr in Vergessenheit. Es konnte, es durfte nur einen Messias geben.

الله

EIN WEITERER MESSIAS
ODER
DIE GESCHICHTE DES DAVID REUBENI

Offenbar sind Könige in der Geschichte wohlfeil zu haben, denn wir kennen einige Zehntausend Könige auf der Welt – Ägypten allein hatte über dreihundert Pharaonen. Aber auch an religiösen Führerfiguren besteht offenbar kein Mangel, es gab zahlreiche Gesalbte und Erlöser. Besonders intensiv und inbrünstig warteten die Juden auf einen Messias. Und so geschah eines Tages Folgendes:

Im Jahr 1525 ritt ein hübscher, wohlgestalter, junger, arabischer Jude namens David Reubeni (oder Reuveni) auf einem schneeweißen Pferd direkt zum Papst, zu Clemens VII., direkt in den Vatikan. Dort gab er sich als Bruder eines arabischen Judenkönigs aus, der über die Nachfahren verschiedener jüdischer Stämme herrsche, aber keine Waffen besitze, und unterbreitete dem *papa* einen höchst ungewöhnlichen, verführerischen Vorschlag: Würde ihm der Stellvertreter Christi Waffen (und Geld) zur Verfügung stellen, so könnte er damit über 300 000 Soldaten ausrüsten und die verfluchten Muslime aus Pälastina/Israel vertreiben.

Der Papst, der vielleicht selbst zu viele Märchen erfunden hatte, war von den Schilderungen David Reubenis höchst beeindruckt. Auch die Juden in Rom zeigten sich von seiner auffallend hübschen und stattlichen Erscheinung so angetan, dass sie ihm Geld gaben, um seine „diplomatische Mission" beim Papst noch eindrucksvoller darstellen zu können. Deshalb suchte David in der Folge den Papst immer wieder auf.

Der Papst überlegte hin und her, nickte schließlich huldvoll und gab der lichtvollen Gestalt ein Empfehlungsschreiben an den König von Portugal mit auf den Weg.

Und so hörte auch der portugiesische König von dem mysteriösen David Reubeni, der überall von sich reden machte, und lud ihn zu einem Besuch in seiner Hauptstadt Lissabon ein. Dort geriet David Reubeni geradezu über Nacht zu einem Phänomen: Mit einer riesigen Gefolgschaft, die ganz wie er selbst glänzend gekleidet und ausgestattet war, machte er dem König von Portugal seine Aufwartung. Das Ergebnis? Der portugiesische König war von Reubenis Auftritt gleichfalls überwältigt – und das, obwohl dieser David ein Jude war. Juden wurden im eigenen Land auf das Übelste verfolgt. Der portugiesische König ließ die Judenverfolgungen umgehend einstellen und gebot, auch die zwangsgetauften Judenchristen ungeschoren zu lassen. Daraufhin brachen die Juden in einen „hysterischen Freudentaumel" aus, wie Historiker berichten. Ein Mensch, der vom Himmel gesandt zu sein schien, hatte ihnen das Leben gerettet und ihnen nebenbei auch noch den Glauben der Väter zurückgegeben.

Aus diesem Grund verehrte man David Reubeni als den leibhaftigen Messias.

Selbst der Sekretär des Königs ließ sich beschneiden, er verzichtete sogar auf seinen christlichen Namen und gab sich eine jüdische Bezeichnung. Dann verkündete er überall, David Reubeni sei zumindest ein Vorläufer des Messias.

Bedauerlicherweise war David Reubeni jedoch nichts weiter als ein fantasievoller Aufschneider, ein begabter Hochstapler, eine gerissener Felix Krull. Tatsächlich ging es ihm nur um Waffen und Geld. Er interessierte sich nur dafür, sich die eigenen Taschen bis an den Rand zu füllen.

Nachdem sogar der Sekretär des portugiesischen Königs Jude geworden war, wusste David, dass der Boden unter seinen Füßen heiß, vielleicht zu heiß geworden war. Eilig verließ er das Land, in dem er die Emotionen bis zum Siedepunkt hochgekocht hatte. Eine Zeit lang machte er weiterhin einen „unnennbaren Eindruck", unter anderem beim spanischen König, in Venedig und in Deutschland. Aber schließlich bemächtigte sich die Inquisition des Paradiesvogels. David Reubeni wurde zurück nach Spanien gebracht und dort von der hochheiligen Inquisition eingekerkert. Der vorgebliche „Messias" starb im Jahr 1536 – es werden allerdings in der Literatur auch andere Jahreszahlen genannt – aller Wahrscheinlichkeit nach durch Gift.

Die Juden weinten bittere Tränen darüber, dass sich ihr Messias als ein Hirngespinst und eine Fata Morgana, ja gar als Betrüger entpuppt hatte.[1]

SABBATAI ZWI

Nimmt man nun an, damit wäre der Messias-Manie Genüge getan, so irrt man. Tatsächlich gab es im Jahr 1648 einen weiteren

Messias, einen Juden aus Smyrna (in der heutigen Türkei gelegen), namens Sabbatai Zwi (Schabbtai Zvi). Er verkündete lauthals, er sei der allseits ersehnte Messias, der wirkliche Erlöser.

Freunde wie Feinde gestanden ein, dass dieser Mann eine stattliche Erscheinung war: Sabbatai Zwi war hochgewachsen, sah blendend aus, sein schwarzes Haar glänzte und er hatte einen hübschen Bart; seine Gesichtszüge waren ebenmäßig, ja geradezu schön. Allseits beeindruckt zeigte man sich außerdem von seiner goldenen Stimme, die viele in ihren Bann schlug. Er konnte nicht nur gut reden, sondern auch herrlich singen.

Lange hatte er sich auf seine Berufung vorbereitet: durch Askese, Kasteiungen und Bäder. Generell tat er sich durch eine ausnehmende Reinlichkeit hervor. Offenbar verschmähte Sabbatai Zwi selbst Parfüme nicht, denn seine Jünger priesen seinen Wohlgeruch. Weiter hatte er die Kabbala, die jüdische Geheimlehre, sorgfältig studiert.

Sabbatai Zwi war jedoch auch dem Garn der Frauen nicht entgangen, hatte es allerdings beide Male wieder zerrissen und zwei Ehefrauen hinter sich gelassen.

Als er begann, verschiedene Jünger um sich zu scharen, fühlte sich Sabbatai Zwi endlich in seinem Element. Und so verkündete er eines Tages mit gerade einmal 22 Jahren, er sei der Messias, der allseits erwartete göttliche Erlöser! Denn die Schriften sprachen davon, der Messias habe erstens eine „reine Seele" – wie er –, sei zweitens ein Mann von „großer Frömmigkeit" – was auf ihn ebenfalls zutraf – und schließlich in die Kabbala, die Geheimlehre der Juden, eingeweiht – was bei ihm auch der Fall war.

Natürlich empörten sich nicht wenige Juden. Gelehrte und Rabbis warfen Sabbatai Zwi Gotteslästerung vor. Schließlich verbannten sie ihn aus Smyrna. Er ließ sich nicht weiter anfechten und zog mit seinen Jüngern im Gefolge in eine andere Stadt, in der er sich in einer feierlichen kabbalistischen Zeremonie mit der *Tora* vermählte. Mit anderen Worten: Der neue, selbst ernannte Messias heiratete ein Buch, oder besser gesagt, er vermählte sich symbolisch mit der gesamten religiösen jüdischen Tradition.

Doch auch die Rabbiner der Stadt, in der er Zuflucht gesucht hatte, verstießen ihn. Deshalb machte er sich auf den Weg ins ägyptische Kairo. Dann kehrte er um und nahm seinen Wohnsitz in Jerusalem. Aufgrund seiner Frömmigkeit und seiner asketischen Übungen gewann er die Herzen der Jerusalemer Rabbiner, die ihn schließlich sogar baten, Geldmittel zu besorgen. Ihre Kassen waren nämlich gerade leer. Sabbatai Zwi erkannte seine Chance, kehrte nach Kairo zurück – wo er einen reichen Gönner und einige wichtige Anhänger gewonnen hatte –, erhielt Geld und überschüttete in der Folge die Jerusalemer Juden mit Mammon. Da er außerdem eine ungewöhnlich schöne (Ehe-)Frau mitbrachte, steigerte das noch sein Ansehen.

Wer hätte je einer schönen Frau *und* Reichtum widerstanden?!

Seine Frau war eine Polin, die die Mär verbreitet hatte, sie werde einst einen messianischen König heiraten. Vielleicht war das der Grund dafür, dass sich Sabbatai Zwi ein drittes Mal in die Ehe gestürzt hatte.

Aber davon abgesehen besaß Sabbatai Zwi auch ein glückliches Händchen, wohlhabende Menschen maßlos zu beeindrucken. Wie viele andere „Propheten" hatte er Visionen und Erscheinungen, die seine Umgebung staunen ließen.

Mit neuem Selbstbewusstsein gestärkt, kehrte er nach Smyrna in die Türkei zurück, wo alles seinen Anfang genommen hatte. Er verkündete abermals, der Messias zu sein. Jetzt endlich kaufte ihm eine große Menge Gläubige seine Worte ab. Und als ein altehrwürdiger Rabbi erneut protestierte, gelang es diesmal Sabbatei Zwi, seinen Widersacher zu diskreditieren, woraufhin der Rabbi aus der Stadt verbannt wurde.

Das jüdische Volk war wie elektrisiert: Offenbar war der Messias tatsächlich zurückgekehrt! Die uralten Prophezeiungen stimmten. Die Nachricht verbreitete sich wie ein Lauffeuer. Juden allerorten verkündeten die frohe Botschaft. Die Rückkehr des Gottesreiches war nahe. Der leibhaftige Messias weilte unter ihnen.

Die „gute Nachricht" verbreitete sich auch in Deutschland, Ägypten, Italien, Holland und Polen. Überall berichtete man von unglaublichen Wundern, die der neue Messias am laufenden Band wirkte, eines ungewöhnlicher als das andere. Tausende und Zehntausende von Juden liefen ihm zu, glühend vor Hoffnung und ekstatisch vor Begierde, dem Messias nur ein einziges Mal von Angesicht zu Angesicht gegenüberzustehen und ihn vielleicht sogar berühren zu dürfen.

Selbst viele Christen fielen vom Christenglauben ab. Sie behaupteten, Jesus Christus sei nicht der echte Messias gewesen, der echte Messias sei vielmehr Sabbatai Zwi! Viele Christenführer wurden hellhörig, aber auch eifersüchtig: Versuchte hier etwa ein neuer, selbst ernannter Messias ihnen die Schäfchen von der Weide zu führen?

Die Woge der Begeisterung war nicht aufzuhalten. „In Amsterdam stellten sich prominente Rabbiner auf Sabbatai Zwis Seite. Das Kommen des Königreichs Gottes wurde in der Synagoge mit Musik und Tanz gefeiert; es wurden Gebetbücher gedruckt, aus denen die Gläubigen die Bußübungen und Gesänge lernten, die sie auf den Einzug ins Gelobte Land vorbereiten sollten. In der Synagoge von Hamburg sprangen, hüpften und tanzten die jüdischen Gläubigen mit der Gesetzesrolle in den Händen herum. In Polen verließen viele Juden Heim und Eigentum, legten die Arbeit nieder, mit der Begründung, dass der Messias ja schon bald in eigener Person kommen und sie im Triumph nach Jerusalem führen werde …"[2]

Ganze jüdische Gemeinden und Abertausende von Juden wurden von einem Fieber gepackt. Der Messias! Der Messias! Zahllose Menschen bereiteten sich darauf vor, endlich heimzukehren nach Jerusalem. Die alten Prophezeiungen erfüllten sich! Die Gerechtigkeit würde sehr bald überall Einzug halten. Die Juden taumelten vor Glück, selbst in Deutschland, wo gerade der Dreißigjährige Krieg tobte. An einigen Orten schlug man vor, Gebete nicht mehr an Gott zu richten, sondern an Sabbatai Zwi. Er sei ja schließlich der Erlöser, der Messias, der erstgeborene Sohn Gottes.

Der neue Messias verfügte nun, künftige bestimmte jüdische Trauertage als Freudenfeste zu begehen. Und er hielt es für an der Zeit, sich auch eine (weltliche) Königskrone aufs Haupt zu setzen – die Krone des gesamten Ottomanenreiches! Ja, er teilte die komplette Welt in verschiedene Einflusssphären ein und legte fest, wer von seinen Anhängern in Zukunft welches Reich regieren solle. Und eines Tages machte sich Sabbatai Zwi von Smyrna (mittlerweile sein Hauptsitz, das Zentrum der neuen Bewegung) auf, Konstantinopel in Besitz zu nehmen, die Hauptstadt des Ottomanenreiches. Er griff nach der Macht. Ja, er forderte eine Weltmacht heraus! Eilig wurde ein Schiff ausgerüstet und bestiegen, während die Begeisterung höhere Wellen als die See schlug. Doch zunächst hielt ein Sturm sein Schiff auf und machte seine unmittelbaren Pläne zunichte. Und selbst das verklärten seine Anhänger: Sie erzählten, dass der neue Messias sogar den Sturm gebändigt habe.

Doch als sein Schiff in der Nähe Konstantinopels einlief, wartete auf ihn eine herbe Enttäuschung. Die türkischen Behörden nahmen ihn gefangen und warfen ihn ins Gefängnis. Erst nach geraumer Zeit gestattete man es seinen Freunden und Anhängern, ihn zu besuchen. Aber die Gläubigen wurden nicht irre an ihm. Sie brachten ihm weiter Geldgeschenke und verwöhnten ihn, schließlich war auch anderen Propheten hin und wieder Leid widerfahren. Die Gefangennahme war zweifellos nur ein Test, mit dem der allmächtige Gott ihren Glauben prüfen wollte. Und hatte nicht Sabbatai Zwi selbst geweissagt, er werde zunächst nicht von den Behörden anerkannt? Ja, er hatte außerdem vorausgesehen, dass er zunächst beschimpft und geschmäht werden würde!

In zahlreichen Synagogen Europas ritzte man die Initialen SZ – für Sabbatai Zwi – in die Wände. Man durfte den Messias jetzt nicht im Stich lassen. In einigen Städten kamen die Geschäfte der Juden fast zum Erliegen, noch immer überschlugen sich die Emotionen. Wer es wagte, ein einziges Wort gegen Sabbatai Zwi zu sagen, konnte damit rechnen, heimlich, still und leise aus dem Weg geräumt zu werden.

Nichts ist inspirierender als die Hoffnung und nichts lässt sich schwerer zerstören als ein Traum.

Aber was unternahmen die Ottomanen, denen Sabbatai Zwi immerhin ein Weltreich entreißen wollte? Nun, die türkischen Behörden scheuten davor zurück, SZ als Schwindler zu entlarven und einfach einen Kopf kürzer zu machen. Die Geschichte hatte hinlänglich bewiesen, was mit Märtyrern geschah: Ihre Gefolgschaft wurde noch fanatischer! Man musste also unbedingt vermeiden, Sabbatai Zwi zu hart auf die Zehen zu treten. Man durfte ihn nicht durch einen kleinen Dolchstoß im Dunkeln beiseiteschaffen. Also verfiel ein geniales ottomanisch-türkisches Gehirn auf eine viel klügere Idee: Man verlegte SZ zunächst in ein anderes Gefängnis, wo er nicht mehr im Zentrum des Interesses stand. Dann eröffnete man ihm die nächsten Schritte: Man würde ihn zunächst einer grausamen Tortur unterziehen und danach bei lebendigem Leib durch die Gassen schleifen. Schließlich würde man ihn mit Pech bestreichen und als lebende Fackel verbrennen. Andere Quellen sprechen davon, dass sich Sabbatai Zwi einem Gottesurteil unterziehen sollte. Ein Bogenschütze würde auf ihn schießen, damit er seine Unverwundbarkeit und Messianität beweisen könne.

Womit auch immer man ihn unter Druck setzte, fest steht, dass ihm die türkischen Behörden ein Schlupfloch ließen. Es gäbe eine, eine einzige Möglichkeit, dem Urteilsspruch zu entgehen: Sabbatai Zwi müsse eine hohe islamische Würde annehmen. Dafür müsse er sich allerdings zu Mohammed bekennen und die Religion wechseln.

Sabbatai Zwi überlegte hin und her. Wieder und wieder wanderte er mit hinter dem Rücken verschränkten Armen in seinem Gefängnis auf und ab. Schließlich entschied er sich, den angebotenen Ausweg anzunehmen. Warum sollte er sich erst foltern und dann verbrennen lassen?

Im Jahr 1666 trat er öffentlich vor seine Jünger. Er distanzierte sich vom Judaismus, riss sich die jüdischen Kleider vom Leib und kleidete sich symbolisch in eine muslimische Tracht, zu der auch ein ausladender Turban gehörte. Der Sultan gab ihm zudem einen neuen respektablen Namen. Sabbatai Zwi hieß jetzt offiziell Mehmed Effendi. Er erhielt außerdem den Titel eines (gut besoldeten) Torhüters. Auch seine Frau wurde mit Geschenken überhäuft. Mit anderen Worten: Sabbatai Zwi ließ sich kaufen.

Als sich diese Nachricht unter den Juden verbreitete, war der Teufel los.

Juden in ganz Europa wollten die Geschichte zunächst nicht glauben. Sie hielten das Ganze für ein abgekartetes Spiel, für Lug und Trug. Ihr Messias würde sich *nie* herablassen, den Muslim zu spielen, nur um sein erbärmliches Leben zu retten. Als die Wahrheit jedoch mehr und mehr durchsickerte, erschütterte das den Glauben enorm. Und schließlich war es um den neuen Messias geschehen. Die schönsten Hoffnungen waren mit einem Schlag zunichte gemacht.

Einige Rabbis, die Sabbatai Zwi, jetzt Mehmed Effendi, nach langwierigen Überlegungen als Messias anerkannt hatten, schämten sich buchstäblich zu Tode.

Die Juden erlebten, wie sich Muslime und Christen gleichermaßen über sie und ihre Leichtgläubigkeit lustig machten. Der Enthusiasmus wandelte sich anfangs in Bestürzung und Zorn, dann in tiefste Trauer, Scham und Apathie.

Sabbatai Zwis Jünger versuchten zu retten, was zu retten war. Sie suchten höchstpersönlich verschiedene Rabbis, jüdische Meinungsführer und Synagogen auf und erklärten, dass der Grund für Sabbatai Zwis Wandel ein höchst listiger Plan sei. Der neue Messias wolle lediglich alle Anhänger des Islam zum Judentum bekehren.

Aber List passt nicht zu einem Messias, ein gottgesandter Menschensohn ist nicht „smart" oder „clever", er hat ehrlich und offen zu sein. Und er hat sich schlachten und kreuzigen zu lassen, wenn es an der Zeit ist.

Hinzu kam, dass Mehmed Effendi alias Sabbatai Zwi hatte zustimmen müssen, *seine* Anhänger zum Islam zu bekehren, um seinen Kopf zu retten. Umgekehrt wurde also ein Schuh draus! Tatsächlich trat nun Sabbatai Zwi erneut predigend und mahnend öffentlich auf – jetzt aber aufseiten des Islam. Gleichzeitig ließ er geheime Botschaften an verschiedene Rabbis senden, in denen er sie bat, den Glauben an ihn nicht zu verlieren. Doch überall wandte man sich von ihm ab. An keinem Ort der Welt entschlossen sich Juden, zum Islam überzutreten.

Die Hoffnung auf den Messias aber war endgültig gestorben. Verzweiflung machte sich in den jüdischen Gemeinden breit.

Als Sabbatai Zwi seine Felle davonschwimmen sah, fasste er rasch einen zweiten Entschluss: Er rückte wieder vom Islam ab, machte eine zweite Kehrtwendung um 180 Grad und verwandelte sich wieder in einen Anhänger des Judaismus. Die türkischen Behörden tobten und schoben ihn schließlich nach Albanien ab. Hier gab es keine jüdischen Gemeinden. Der selbst ernannte Messias, der so schnell die Seiten gewechselt hatte, konnte seine Anhänger nicht mehr zurückgewinnen. Nach kurzer Zeit krähte kein Hahn mehr nach ihm. Sabbatai Zwi starb vereinsamt und verlassen im Jahr 1676.

Trotzdem gab es noch rund ein halbes Jahrhundert lang etliche Gläubige, die erwarteten, dass Sabbatai Zwi eines Tages von den Toten auferstehen werde. Sie fuhren fort, zu ihm zu beten und ihn zu verehren. Danach starb die Bewegung vollends, selbst wenn es auch heute noch hie und da einige kleine „sabbatäische" Gemeinden gibt. Aber im Allgemeinen kennt man heute kaum mehr seinen Namen.

Wie muss man nun über all diese verschiedenen messianischen Gestalten urteilen?

ERKENNTNISSE

Die Parallelen zu Christus und anderen „Wundertätern" und „Erlösern" lassen sich nicht übersehen, selbst wenn man bemüht ist, Glaubensüberzeugungen zu respektieren.

Immer wieder werden die gleichen Techniken bemüht: eine übergroße, zur Schau gestellte Frömmigkeit, die angebliche Einweihung in eine „Geheimlehre" oder ein besonderer Draht zu Gott sowie Visionen und Erscheinungen. Zudem gibt es vorgeblich zahlreiche Wunder, in Wahrheit jedoch existiert nur eine einzigartige rhetorische Begabung.

Hoffnungen, Träume und Sehnsüchte werden durch einen Messias erfüllt. Faszinierend leicht lassen sich Menschen beeindrucken und an der Nase herumführen. Buchstäblich Abertausende, vielleicht sogar Hunderttausende von Anhängern gewann Sabbatai Zwi im Handumdrehen. Die Menschheit insgesamt ist offenbar nicht sehr intelligent.

Aber umgekehrt sind auch immer wieder viele Messias-Gestalten beeindruckend töricht. Viele werden trunken von ihrem Ruhm – genau wie viele VIPs, Prominente und „Berühmtheiten" heutzutage. Sie glauben zuletzt wirklich an die selbst erfundenen Lügen über die eigene Person. Und so werden sie die Wirkung einer Ursache, die sie selbst angezettelt haben.

Was bleibt, wenn wir die Figur Jesu Christi im Lichte all dieser Gestalten betrachten?

DIE INFLATION DES MESSIAS-GEDANKENS

Zu allen Zeiten gab es offenbar Messias-Gestalten, denen die Menschen nachliefen wie dem Rattenfänger von Hameln. Jesus Christus, so viel steht fest, war im Grunde genommen nicht einmal eine Ausnahmeerscheinung. In einer Zeit, da allein die Vokabel „Gott" eine Revolution auslösen konnte und religiöse Ideen die Menschen zu hysterischen Begeisterungsstürmen hinrissen, war der Boden gut für zahlreiche religiöse Führer bereitet. Sie traten im Laufe der Geschichte immer wieder auf und führten dabei bloß durch ihre große Zahl automatisch den Alleinstellungsanspruch ad absurdum.

Jesus Christus ist demnach lediglich ein religiöses Phänomen, er ist nicht einzigartig. Das beweisen Figuren wie Sabbatai Zwi, Mani, David Reubeni oder Apollonius von Tyana.

Die größte Gefahr für das frühe Christentum waren zweifellos Konkurrenz-Messiasse – ein Wort, das es eigentlich nicht im Plural geben dürfte. Von denen wiederum waren die gefährlichsten die Intellektuellen, die Philosophen, die Gnostiker, die ihren eigenen Verstand gebrauchten und durch Erkenntnis Weisheit zu erlangen suchten.

Doch mit welchen Erkenntnissen hielt man im Rahmen der Gnosis eigentlich hinter dem Berg?

11.
GNOSTISCHES GEHEIMWISSEN

Bis heute wird man scheinbar nicht recht klug aus der Gnosis und ihrer Bewegung. Verschwiegen wird dabei, dass es dafür konkrete Gründe gibt. Packen wir den Stier also bei den Hörnern. Was ist „Gnosis"?

BEWEGUNGEN IM KREISE

Mit „Gnosis" deutet man im Allgemeinen auf ein religiöses Geheimwissen, das den Inhaber dieses Wissens von der übrigen Menschheit abhebt. Griechische, jüdische und christliche Intellektuelle wurden als Gnostiker bezeichnet. Der Begriff selbst stammt aus der Neuzeit. Der englische Philosoph und Theologe Henry More prägte ihn im 17. Jahrhundert, um alle christlichen Häresien damit zu bezeichnen. Aber Moment! Schon in der Antike gab es eine Gnosis, schon lange vor Christus. Die Definition kann also unmöglich stimmen.

Abermals gerät man ins Grübeln, was die Bedeutung des Wortes „Gnosis" angeht. „Wissen um göttliche Geheimnisse, das einer Elite vorbehalten ist", schlug man endlich auf einem Gnosis-Kongress als Definition vor, im Jahre 1966. Der Ausdruck „Gnostizismus" dagegen sollte verschiedenen Systemen des 2. nachchristlichen Jahrhunderts vorbehalten bleiben.

Kaum hatte man sich auf diese Sprachregelung geeinigt, schlugen die Forscher auch schon wieder aufeinander ein. Handelte es sich bei Gnosis nicht in Wahrheit um eine eigenständige Religion? Oder zumindest um eine Vorstufe zur christlichen Religion? Oder war sie eine philosophische Strömung innerhalb der jüdisch-christlichen Weltanschauung? Eine Strömung, die dem Manichäismus nahestand? Doch gab es gnostische Vorstellungen nicht auch schon in der Antike? War nicht Pythagoras bereits ein Gnostiker gewesen? Und sogar Platon, der beliebteste griechische Philosoph? Und was war mit den alten Persern und Ägyptern, ja selbst mit den Indern – ein spirituell hochbegabtes Volk, das die Religion geradezu erfunden hatte? Darüber hinaus gab es auch im Islam (später) gnostische Gruppierungen – wie die Sufis, Anhänger der islamischen Mystik. Und was war mit den Mystikern, die die Kabbala, die jüdische Geheimlehre, verfasst hatten, in denen ebenfalls gnostische Elemente enthalten waren?

Als man das Mittelalter genauer durchforstete, entdeckte man sogar im Rahmen der Alchemie und bei einigen kleineren Religionsgemeinschaften gnostisches Gedankengut. Im 19. Jahrhundert begegnete man gnostischen Einflüssen zudem in der Theosophie, in der Anthroposophie und bei den Freimaurern. Selbst in der Neuzeit gab es offenbar gnostische Kirchen: Von einem Tempelritter-Orden spalteten sich beispielsweise gnostische Gruppen ab, die heute in Frankreich als mystisch-maurische Geheimgesellschaften noch immer zu Gange sind. Kurz gesagt sprach man auch in der Freimaurerei und Hochgradfreimaurerei von gnostischen Elementen und Einsichten. Ein wildes Durcheinander!

Und so bewegt man sich heute üblicherweise im Kreise, wenn es um das Wort „Gnosis" geht – wobei man selten auf konkrete Inhalte reflektiert.

Durchschlagen wir also den Gordischen Knoten!

DIE WAHRE BEDEUTUNG
DES WORTES „GNOSIS"

Der Begriff „Gnosis" bedeutet wörtlich „Erkenntnis". Und welche Erkenntnis soll hier gewonnen werden? Was steckt hinter der Gnosis? Was beinhaltet sie? Welche konkrete Einsicht sollen wir dadurch erlangen?

Kein Wort wurde gründlicher missverstanden, an keinem Wort mehr herumgerätselt, keines ist geheimnisumwitteter.

Noch einmal: Fast niemand kann das Wort so definieren, dass alle Gelehrten zustimmen. Warum? Nun, dafür gibt es zwei Gründe, auf die wir gleich zu sprechen kommen. De facto wurde dieses Wort (vor allem aber die konkreten Einsichten und Erkenntnisse) absichtlich viele Jahrhunderte lang geschändet, mit dem Bann belegt, verteufelt, verflucht und mit Rätseln umwoben.

Bevor wir den Begriff also definieren – und hier steht uns eine echte Überraschung ins Haus –, sollten wir zunächst einmal die Versuche betrachten, das Wort absichtlich unverständlich erscheinen zu lassen.

WIE MAN EIN WORT UNVERSTEHBAR MACHT

Zunächst deuten die Begriffe „Gnosis" (oder „Gnostik", „Gnostizismus") wie gesagt auf ein religiöses Geheimwissen, das nicht allen, sondern nur einer Elite zugänglich ist. Ein Geheimwissen, das selten oder nie preisgegeben wird, verhindert sozusagen von Haus aus ein Verstehen. Die Träger dieses Geheimwissens verbergen den eigentlichen Gehalt und führen Uneingeweihte in die Irre – gewöhnlich mit voller Absicht.

Gnostische Erkenntnisse gab es offenbar schon lange vor Christus.

Im 1., 2. und 3. Jahrhundert n. Chr. verbreiteten sich darüber hinaus in vielen Ländern gnostische Lehren, es bildeten sich zahlreiche esoterisch-religiöse Bewegungen – in Italien, Israel, Persien oder Ägypten.

Sehr viel später beriefen sich auch andere Geheimbündler auf die Gnosis – wie etwa die Alchemisten, die Theosophen oder die Rosenkreuzer/Freimaurer. Auch hier wurde der Begriff mit einem Geheimnis umwoben.

Realisieren wir Folgendes in aller Schärfe: Es existierten Tausende und Abertausende von Absichten, die wahren Lehren der Gnosis geheim zu halten. Sie sollten niemals das Licht des Tages erblicken.

WIE MAN NICHT EINGEWEIHTE IN DIE IRRE FÜHRT

Um den letzten Punkt noch weiter illustrieren zu können, erlauben wir uns geradezu übergangslos einen Sprung in ein ganz anderes Fachgebiet: die Akupunktur.

Im Lateinischen bedeutet *acus* „Nadel" und *punctura* „Stich". Mit dem Stich einer Nadel rückt man also bestimmten Beschwerden zu Leibe. Die Akupunktur stammt ursprünglich aus China, wo sie noch heute von über einer Million Ärzte praktiziert wird. Wirklich brisant ist es nun, die Entstehung der Akupunktur zurückzuverfolgen. Der Ursprung dieser Heilmethode ist nach chinesischer Überlieferung auf folgenden Umstand zurückzuführen: Einst entdeckte man, dass bei mit Pfeilen verwundeten Soldaten

Krankheiten auf unerklärliche Weise mit einem Mal verschwanden. Bei näherer Untersuchung fand man heraus, dass nicht die Größe der Wunde, sondern der Ort von Bedeutung war, an dem der Pfeil stecken geblieben war. Daraus entwickelte sich die Vorstellung, bestimmte Krankheiten müssten sich durch Einstiche in die Haut heilen lassen … Dies mag eine Legende sein oder auch nicht. Am Anfang stand jedenfalls die Entdeckung, dass eine heilsame Wirkung an einer anderen Stelle auftrat als dort, wo man die Nadel eingestochen hatte.

Die chinesische Medizin geht davon aus, dass die Lebensenergie *(Chi)* sich auf bestimmten Bahnen im Körper bewegt. Sie heißen Meridiane und sind gedachte Linien, auf denen der chinesischen Heilkunde zufolge rund achthundert Akupunkturpunkte liegen. Die Methode besteht darin, über diese Punkte zum Beispiel auf innere Organe einzuwirken und einen Heilimpuls auszulösen. Natürlich muss man die korrespondierenden Punkte zunächst finden; man muss wissen, an welcher Stelle ein positiver Effekt, beispielsweise auf das Herz, ausgeübt werden kann. Mittlerweile gibt es ganze „Landkarten" für den menschlichen Körper, auf denen diese Punkte exakt eingetragen sind.

Und nun der Clou: Ursprünglich handelte es sich bei der Akupunktur um eine esoterische Wissenschaft. Die alten Chinesen versuchten zunächst, die Korrespondenzpunkte streng geheim zu halten und Uneingeweihte sogar in die Irre zu führen. Das ging so weit, dass sogar falsche „Landkarten" mit falschen Akupunkturpunkten erstellt wurden, um dieses Geheimwissen einem exklusiven Club vorzubehalten …

Kehren wir mit diesem Wissen im Hinterkopf zurück zu unserem Thema, der Gnosis.

FALSCHE FÄHRTEN

Wir können heute davon ausgehen, dass auch im Falle der Gnosis falsche Fährten gelegt wurden. Da es sich um ein Geheimwissen handelte, das nicht jeder erfahren sollte, wurde es geschützt. Aller Wahrscheinlichkeit nach wurden immer wieder falsche Informationen verbreitet. Es wurden so unverständliche Texte verfasst, dass Uneingeweihte damit nichts anfangen konnten. Man wies absichtlich in falsche Richtungen und schuf intellektuelle Labyrinthe, in denen man sich verirren konnte. Und so sehen sich bis heute viele Gelehrte kaum in der Lage, den innersten Kern der Gnosis auszumachen. Ja, sie widersprechen sich und bekämpfen sich teilweise bis aufs Messer.

Hier haben wir also einen Grund, warum diese Gnosis so unverstehbar ist: Man wollte ihren wirklichen, ihren innersten Kern unbedingt geheim halten. Die Verteidiger des gnostischen Glaubens sind dafür verantwortlich, dass jeder etwas anderes darunter versteht.

Und ein zweiter Umstand trug noch dazu bei, dass die Gnosis unverstanden oder unverständlich blieb.

DER EWIGE KAMPF

Wie wir bereits gehört haben, bekämpften die Kirchenlehrer der christlichen Großkirche die Gnosis verbissen, geradezu mit Schaum vor dem Mund. Sie fluchten und spektakelten, was das Zeug hielt. Viele ließen sich sogar zu Verleumdungen hinreißen. Der Hass auf die Gnosis war so groß, dass man unter dem Begriff (genauer gesagt unter den Lehrinhalten) schließlich geradezu sämtliche christliche Häresien (= Irrglauben, Ketzereien) verstand, die im 2. und 3. Jahrhundert und zum Teil auch später Platz griffen.

Tatsächlich hielten viele Gnostiker Jesus nicht für den Sohn Gottes und nicht für den Messias. Andere glaubten, anstelle Jesu Christi sei ein gewisser Simon von Kyrene gekreuzigt worden, der sich für Jesus hielt – während der echte Jesus danebenstand und lachte. Ferner gab es in der Gnosis griechische, jüdische, persische, syrische, indische und ägyptische Einflüsse, ja sogar türkische, arabische und chinesische Lehren! Das war dem sich formierenden Christentum natürlich ein Dorn im Auge. Und so schrieben viele fromme Kirchenlehrer wütend gegen die Gnosis an – wie beispielsweise Hippolyt von Rom oder Epiphanius von Salamis, der ein Büchlein mit dem hübschen Titel *Arzneischrank gegen Häresien* verfasste. Die Absicht dahinter ist klar: Man wollte die Gnosis vollständig diskreditieren. Gnostiker waren Abweichler, Ungläubige und unfromme Gestalten. Der Begriff oder genauer gesagt die Inhalte wurden nach Strich und Faden diskriminiert.

Gnostische Bewegungen stellten eine Gefahr dar: Innerhalb verschiedener Gruppen von Gnostikern gab es etwa ein Thomas-Evangelium, bestimmte Petrus- und Paulus-Schriften, die so nicht im Neuen Testament vorkamen. Es gab „Die Geheimschrift des Johannes" und anderes mehr – wir haben auf einige Schriften an früherer Stelle bereits aufmerksam gemacht. Es gab bestimmte (unchristliche) Ideen über den Himmel und das Totengericht, ja sogar eine „Apokalypse nach Adam". Sogar über den griechischen Gott Hermes wurde philosophiert.

Damit wurde den christlichen Theologen völlig der Wind aus den Segeln genommen. Was für ein Chaos! Verstehen Sie, was wirklich geschah? Um die Einzigartigkeit des Christentums bewahren zu können, musste man allen anderen Gruppierungen intellektuell die Kehle durchschneiden. Die Gnostiker wurden angefeindet und niedergemacht, bekämpft und verleumdet, nach allen Regeln der Kunst. Gnostische Sekten und Gemeinden wurden bekriegt. Es ging ja um Einfluss, Macht und Geld. Einige christliche Kaiser machten sogar gegen die Gnostiker oder die Abweichler mobil. Denn schon immer hingen in der Vergangenheit verschiedene Herrscher der Fehleinschätzung an, ein einziger Glaube allein sei gut für ein Land und die eigene Monarchie. Zudem schrieben zahlreiche christliche Priesterlinge gegen die Gnosis an und belegten sie mit dem Bann.

Das Christentum war noch nicht gefestigt genug, als dass man den verschiedenen Sekten Land und Leute überlassen konnte. So lautete jedenfalls die Rechtfertigung. Und folglich wurde alles getan, um gnostische Gruppierungen zu verteufeln. Man erfand gar einige (sexuelle) Verleumdungen, nur um die Menschen von diesen Bewegungen fernzuhalten.

Man hatte also abertausende Gründe, gnostisches Gedankengut unkenntlich zu machen, auf dass es nicht verstehbar wäre und man sich davon fernhalte. Gnostiker …, das waren alles fehlgeleitete Ketzer und Häretiker, die eines Tages in der Hölle braten würden!

Genau deshalb erscheint der Begriff bis heute so unverstehbar. Er wurde unverstehbar gemacht! Von den Anhängern! Und den Gegnern!

So weit, so gut. Aber was verbirgt sich nun tatsächlich hinter dem Wort? Nennen wir das Geheimnis endlich beim Namen. Doch dafür müssen wir zumindest bis Pythagoras zurückgehen.

DAS GEHEIMNIS DES PYTHAGORAS

Nehmen wir die Spur wieder auf, die wir an früherer Stelle bereits entdeckt haben. Erinnern wir uns noch einmal: Das Wort „Pythagoras" bedeutet wörtlich „Wortführer des Pythischen" – mit dem Pythischen wies man auf das Orakel in Delphi. Einige hielten Pythagoras für Gott Apollo selbst.[1]

Pythagoras reiste anfangs sehr viel: Er lernte von den Persern, den Ägyptern und den Priestern griechischer Geheimkulte, bevor er selbst eine spirituelle Schule gründete. Ja, er entdeckte auch den „Satz des Pythagoras" bei einem rechtwinkligen Dreieck ($a^2 + b^2 = c^2$), der nach ihm benannt wurde. Pythagoras liebte die Mathematik und Zahlen. Weitaus mehr interessierte er sich jedoch für spirituelle Erkenntnisse. Und so war er vielleicht der erste Gnostiker. Doch was steckte dahinter?

Das brennende, sengende Interesse dieses Philosophen galt eindeutig der Religion, dem Spirituellen. Vielleicht war niemand in der ganzen griechischen Antike so fasziniert von spirituellem Geheimwissen und göttlichen Weisheiten wie Pythagoras, der Umgang mit den unterschiedlichsten Priestern und Magiern der verschiedensten Kulturen suchte. Überall ging es ihm um die „Einweihung", überall suchte er nach höherer Erkenntnis. Und so erwarb sich Pythagoras früh den Ruf, selbst ein Eingeweihter zu sein, der um die geheimsten Geheimnisse der höheren Welten wusste.[2]

Zurückgekehrt auf seine Heimatinsel Samos geriet Pythagoras in Opposition zu dem Tyrannen Polykrates, der hier gerade die Macht an sich gerissen hatte. Vielleicht stand sein Leben auf dem Spiel, jedenfalls entschloss sich der Philosoph auszuwandern. Im Alter von vierzig Jahren zog Pythagoras nach Kroton – eine am südlichen Zipfel des italienischen Stiefels gelegene Hafenstadt, die einst von griechischen Auswanderern und Kolonisten gegründet worden war. Kroton war berühmt für seinen Reichtum. Der Handel blühte, ständig ein- und ausfahrende Schiffe schufen ein internationales Flair. Hier gab es eine renommierte Ärzteschule; Kroton war als Heilstätte weithin bekannt. Aber auch die Künste und die Architektur prosperierten, wie es immer der Fall ist, wenn eine Stadt oder eine Region wirtschaftlich gedeiht. Beispielsweise schuf ein Künstler das Bildnis der schönen Helena, wofür ihm fünf der hübschesten

Jungfrauen Modell stehen mussten, weil sich seiner Ansicht nach vollendete Schönheit nicht in der Natur einer einzigen Person manifestieren könne.

Pythagoras mag vor allem Krotons Ruf als Heilstätte interessiert haben, jedenfalls gründete er hier um 530 v. Chr. eine schon bald hochberühmte Schule: die einzigartige Schule der Pythagoreer. Hier wurden Frauen aufgenommen, was zu dieser Zeit unüblich war. So praktizierte Pythagoras schon vor rund 2600 Jahren die Gleichheit der Geschlechter, wobei Frauen nicht nur in den Fächern Philosophie und Literatur ausgebildet wurden, sondern auch in den Künsten des Haushaltes und der Methodik der richtigen Kindererziehung. Die „pythagoreische Frau" bildete in der Antike das höchste erreichbare Frauenideal.

Schon bald zählte seine Schule mehrere hundert Schüler und machte weit über ihre Grenzen hinaus von sich reden. Der Ruf dieser Schule verbreitete sich wie ein Lauffeuer, sie war wahrscheinlich die beste Lehrstätte ihrer Zeit.

Doch was zeichnete diese Schule eigentlich vor allen anderen Lehrstätten aus?

DIE SCHULE DES PYTHAGORAS

Nun, es handelte sich tatsächlich um eine ganz besondere Schule, wie es sie in der Geschichte nie vorher und vielleicht auch nie nachher wieder gab. Die Schüler und Anhänger des Pythagoras wurden zunächst einmal durch das denkbar engste Band der Freundschaft zusammengehalten. Die Mitglieder verpflichteten sich zu unbedingter gegenseitiger Treue. Ein regelrechtes Treuegelöbnis, nicht nur in Bezug auf den Meister, sondern auch gegenüber jedem „Bruder" oder Mitglied war der erste Schritt.

Über diese Freundestreue wurden später die schönsten Anekdoten überliefert. Die berühmteste Geschichte, die wahrscheinlich einen wahren Kern hat, spielte sich im sizilianischen Syrakus ab und beschäftigt sich mit den beiden Pythagoreern Damon und Phintias, die einander in herzlicher Verbundenheit zugetan waren, in höchster, edelster Freundschaft. Doch eines Tages spottete der Tyrann von Syrakus, Dionysios II., über die pythagoreische Freundschaftstreue. Denn er glaubte nicht an all das Gerede darüber. Also stellte er die beiden auf die Probe. Er ließ Phintias gefangen nehmen, beschuldigte ihn des Komplottes, des Hochverrates gegen ihn und verurteilte ihn zum Tod. Phintias nahm das Urteil ohne große Seelenregung hin und erbat nur die Gunst, vor seinem Tode seine Angelegenheiten in Freiheit regeln zu dürfen. Dionysios II. gewährte ihm diese Bitte – allerdings unter der Bedingung, im Gegenzug dafür Damon, des Phintias Freund, als Geisel einzubehalten. Damon sollte also mit seinem Leben für die Rückkehr des Freundes bürgen. Damon zögerte keine Sekunde und stellte sich sofort zur Verfügung.

Der Tyrann sowie seine Höflinge lächelten insgeheim: Niemand glaubte, dass Phintias tatsächlich zurückkehren würde. Alle nahmen an, er würde sich unrühmlich aus dem Staub machen, um seine eigene Haut zu retten. Damon, so die Meinung aller, würde an seiner Stelle sterben müssen. Aber wie verabredet erschien Phintias im letzten Augenblick zur vereinbarten Stunde, um seinen Freund Damon auszulösen. Freundschaft galt ihm mehr als das eigene Leben! Dem Vernehmen nach war die Überraschung des Tyrannen so groß, dass er daraufhin nicht nur Damon, sondern auch Phintias freiließ und darum bat, in den Freundschaftsbund der Pythagoreer aufgenommen zu werden …

Natürlich gab es verschiedene Variationen dieser Geschichte. Ein Autor berichtete, es habe sich um eine echte Verschwörung gehandelt, ein anderer hatte andere Details parat.[3] Aber von wirklicher Bedeutung ist, dass selbst in späteren Zeitaltern die enge Freundschaft zwischen den Pythagoreern legendär war und zur Bildung von Anekdoten Anlass gab.

Dabei beschränkte sich diese tiefe Freundschaft, die wahrscheinlich nirgendwo sonst auf der Welt solche Höhen erreichte, beileibe nicht nur auf die eigenen Kameraden. Diese Freundschaftsphilosophie endete nicht bei den eigenen Mitgliedern. Sie umfasste alles Existierende!

Freundschaft (wir würden heute vielleicht Liebe oder Zuneigung sagen) sollte man Pythagoras nach

- gegenüber dem eigenen sterblichen Leib empfinden, einschließlich aller einander entgegenwirkenden Kräfte, die in ihm verborgen sind; sprich die Seele sollte mit dem Leib in Freundschaft leben;
- weiter sollte Freundschaft herrschen zwischen Mann und Frau, gegenüber Kindern, Geschwistern und Hausgenossen;
- Freundschaft war weiter von höchster Bedeutung in Bezug auf die Mitbürger und den Staat, aber auch gegenüber andersstämmigen Menschen, ja selbst die „Vernunftlosen" sollte man lieben;
- Freundschaft gegenüber dem Menschen überhaupt sei wichtig, selbst in Bezug auf Sklaven, sowie
- gegenüber Tieren und Pflanzen
- und den Göttern.[4]

Wenn man so will, versuchte Pythagoras also alles Existierende zu umfassen, angefangen von, wiederholen wir,

1. der eigenen Person,
2. über die Familie,
3. bis hin zu Gruppen und Gruppierungen,

4. der Menschheit überhaupt, sowie
5. Tieren und Pflanzen und
6. den Göttern.

Es handelte sich um ein höchst umfassendes Konzept der Liebe, wobei „Freundschaft" wahrscheinlich die bessere Vokabel ist, denn das Wort „Liebe" ist allzu vorbelastet.

Vielleicht wurde in der Geschichte der Menschheit nie ein großherzigeres Konzept der Zuneigung und des Respektes allem gegenüber formuliert.

Diese Freundschaft galt wie gesagt selbst gegenüber Tieren. Pythagoreer aßen weder Fleisch noch Eier, töteten keine Tiere, die dem Menschen keinen Schaden zugefügt hatten, und beschädigten keinen gepflanzten Baum. Sie brachten keine Tieropfer dar, wie das in der Zeit üblich war und womit sie sich über den herrschenden Aberglauben erhoben. Mitglieder der Schule des Pythagoras ernährten sich von Wasser, nicht von Wein. Sie aßen Gemüse, Brot und Honig. Auch in ihrer Kleidung waren Pythagoreer vorbildlich. Ihre Gewänder waren stets fleckenlos weiß. Sie tranken oder aßen nie zu viel, züchtigten nie einen Sklaven, reinigten sich regelmäßig und waren ein Muster an Selbstbeherrschung. Sie schworen nicht bei den Göttern, wie das die Sitte der Zeit war, denn jedermann sollte den Worten eines Pythagoreers auch ohne den Anruf der Götter Glauben schenken können, Wahrhaftigkeit und Wahrheitsliebe zeichneten sie aus.

Bevor ein Schüler jedoch in den innersten, in den esoterischen Zirkel der Schule aufgenommen wurde, in dem es um die Einweihung ging, gehörte er fünf Jahre lang zu der exoterischen Gruppierung, zu den „Außenstehenden". Das „Geheimnis des Pythagoras" blieb ihm also zunächst verwehrt, ja manchmal bekam er den Meister während der ersten Jahre nicht einmal zu Gesicht.

Und was wurde in dieser einzigartigen Schule genau gelehrt?

DER STUNDENPLAN oder DIE MATHEMATIK

Bei den alten Griechen bedeutete der Begriff *mathematike techne* so viel wie „die Kunst des Lernens"; mit dem Wort *mathema* verwies man ganz allgemein auf das Gelernte oder die Kenntnisse. Die Vokabel *mathema* bedeutete darüber hinaus auch „Wissenschaft". Mit anderen Worten: Der Mathematikbegriff, den wir heute kultivieren, unterscheidet sich fundamental von dem griechischen Wort. Die Wissenschaft im Ganzen, alle Kenntnisse wurden als *mathema* bezeichnet.

Aber die Schüler beschäftigten sich auch mit Mathematik, wie wir sie heute kennen und definieren. Pythagoras ging es dabei vor allem darum, die Schüler zu logischem, folgerichtigem Denken zu erziehen; die Mathematik diente dafür oft nur als Mittel zum Zweck, als Straße. Pythagoras operierte bereits mit Axiomen/Lehrsätzen und Beweisen, er unterschied zwischen geraden und ungeraden Zahlen, zwischen teilbaren und Primzahlen und er wusste um einige Besonderheiten der Rechenkunst und der Geometrie. Dazu verhalf ihm unter anderem die genaue Beobachtung. Illustrieren wir diesen Umstand an einem Beispiel:

Die Legende will wissen, dass Pythagoras einmal an einer Schmiede vorbeiwanderte und aufmerksam den Hammer-Geräuschen lauschte, die aus ihr herausdrangen. Sie klangen unterschiedlich „hoch" oder „tief", aber vollkommen regelmäßig. Er betrat die Schmiede und stellte fest, dass die auf den Amboss niederkrachenden Hämmer unterschiedlich schwer waren. Messerscharf schloss er, dass die Tonhöhe vom zahlenmäßigen Verhältnis abhing. Sprich das Gewicht eines Hammers war unter anderem verantwortlich für die Tonhöhe, für den Klang. Ein fünf Kilogramm schwerer Hammer, wie wir heute sagen, verursacht einen anderen Ton als ein zehn Kilogramm schwerer Hammer.

In der Folge untersuchte Pythagoras dieser Legende nach zwei

Saiten eines Instrumentes von gleicher Dicke und Spannung und entdeckte, „dass die eine beim Anschlagen eine Oktave tiefer als die andere klang, wenn sie doppelt so lang war; war sie anderthalbmal so lang wie die andere, so ertönte ein Quintakkord ...; war sie um ein Drittel länger, ein Quartakkord"[5] ... immer im Zusammenklang mit dem Grundton.

All das lernten die Schüler. Aber der Meister ging weiter in seinen Schlussfolgerungen, ihm war daran gelegen, die Welt und den gesamten Kosmos zu verstehen.

Wenn durch Zahlen so viel erklärt werden konnte, so lagen in der Zahl an sich vielleicht alle möglichen Geheimnisse verborgen? Fortan beschäftigte sich Pythagoras noch intensiver mit Zahlen und wies einigen von ihnen konkrete Bedeutungen zu: Die Eins repräsentierte die Einheit, die Identität, den Urgrund, den Ausgangspunkt. Auch die Zwei war von größter Bedeutung, denn es gab Vater und Mutter, Hell und Dunkel, Groß und Klein, Plus und Minus. Die Drei repräsentierte Anfang, Fortdauer und Ende und beschrieb ebenfalls zahlreiche Phänomene wie beispielsweise den gesamten Zyklus einer Aktion – Starten, Ändern und Stoppen. (Später sollte die Drei in der christlichen Trinitätslehre [Gott Vater, Gott Sohn und Heiliger Geist] eine besondere Bedeutung spielen.) Die Vier war schließlich insofern etwas Besonderes, als es Vierecke gab und Würfel, sie hatte etwas mit dem Raum zu tun und allgemein mit der Welt. Ursprünglich glaubten die griechischen Naturphilosophen, es gebe nur vier Elemente – Feuer, Wasser, Erde und Luft.

Zahlen an sich beschrieben also kurz gesagt zahlreiche Erscheinungen, mit ihnen konnte man möglicherweise Dinge verstehen, die man vorher nicht verstanden hatte; zumindest konnte man sich mit Zahlen bestimmten Phänomenen auf eine ganz andere Art und Weise annähern. Die Mathematik verkörperte offenbar eine „kosmische", eine „überirdische" Sprache. Jedenfalls ließ sich mit bloßen Zahlen eine gewisse Ordnung herstellen.

Außerdem war das Verhältnis der Zahlen untereinander höchst bemerkenswert: So ergaben 1 plus 2 plus 3 plus 4 die vollkommene Zahl 10 oder 3 plus 4 die Zahl 7, die in so vielen Kulturen als heilige Zahl galt.

Wir erkennen an solchen Beispielen sofort, dass es Pythagoras – bei aller intellektuellen Schärfe, bei aller mathematischen Begabung – nicht um die Rechenkunst oder die Geometrie an sich ging. Der Philosoph benutzte die Mathematik lediglich dafür, die Welt besser zu verstehen. Mathematik war kein Eigen- oder Endzweck, sie war ein fantastischer Schlüssel, mit dem sich alles Existierende besser beschreiben und begreifen ließ. Diese „mathematische Sprache" musste man nur aus einem einzigen Grund lernen, nämlich um die höheren Welten zu verstehen.

Der Mathematik-Unterricht war wahrscheinlich höchst umfassend. Die Arithmetik, also die Rechenkunst und das Spiel mit Zahlen, stand sicherlich ebenso hoch im Kurs wie die Geometrie – die Lehre von den Linien, Flächen und Körpern sowie ihren Beziehungen zueinander.

Auch die Geometrie hatte für Pythagoras eine spirituelle Nebenbedeutung: Er differenzierte hier beispielsweise ganz exakt zwischen Gleichheiten, Ähnlichkeiten und Unterschieden (oder „Ungleichheiten" wie er das nannte). Und diese Beobachtungs- oder Differenzierungsfähigkeit konnte man auch im normalen Leben hervorragend gebrauchen und nutzen. Nahm man sich etwa eine Frau, die völlig unterschiedlich/ungleich war im Verhältnis zur eigenen Person, führte das zu Problemen. So lehrte Pythagoras, „richtig" zu denken, intelligent zu denken. Denn warf man zwei unähnliche („ungleiche") Sachverhalte oder gar Personen in einen Topf, war das nicht sehr klug.

Vom „Fach" Mathematik war es schließlich nur ein Katzensprung zu anderen Wissensgebieten.

DIE ANDEREN LEHRFÄCHER

Ohne große Umwege führte die Mathematik beispielsweise zur Astronomie. Die Bewegungen der Himmelskörper wurden ebenfalls genau studiert, aber erneut vor allem philosophisch betrachtet. Nichtbewegung und Ruhe schienen der Gegenpol zur Bewegung zu sein. Vielleicht war die Seele selbst Ruhe oder Nichtbewegung? Auch hierin wurden die Schüler unterwiesen.

Pythagoras formulierte eine ganze Geschichtsphilosophie bloß aufgrund der Bewegungen der Planeten. Er nahm an, dass sich die Weltgeschichte nach Ablauf einer langen kosmischen Periode wiederholen würde – sobald bestimmte Planeten und Sterne ihren Weg vollendet hätten und sich erneut an ihrem ursprünglichen Platz befänden.

Deshalb ist es wahrscheinlich, dass auch Geschichte gelehrt wurde – generell waren die Griechen sehr traditionsbewusst und scheuten sich nie, über ihre Vergangenheit nachzudenken.

Breiter Raum wurde auf jeden Fall der Musik gewährt. Der Meister unterschied zwischen Tonfolgen, Melodien, Harmonien und Rhythmen. Er favorisierte beruhigende Melodien, die einen heilsamen Einfluss auf das Gemüt nehmen konnten. Musik mit aufpeitschendem Charakter war ihm zuwider. Musik konnte auf bestimmte Emotionen zugeschnitten werden, sie konnte Traurigkeit ausdrücken, ja sogar Zorn.

Die Heilkunde gehörte ebenfalls zum Stundenplan, wobei Pythagoras höchst eigene Ansichten in puncto Gesundheit vertrat. Er hielt nichts davon, Gliedmaßen zu amputieren oder etwas auszubrennen oder abzuschneiden. Sogar viele Arzneien waren ihm suspekt. Sein Schwerpunkt lag auf Ölen und Salben. Noch wichtiger aber war es, die seelische Ordnung wiederherzustellen. So wurde auch die Musik in den Dienst der Heilung gestellt. Vielleicht war der Philosoph der Erste, der die Zauberkraft der Musik wirklich erkannte, speziell ihre Wirkung auf das Gemüt. Klänge konnten eine beruhigende Wirkung ausüben, aber auch aufmuntern. Anfälle von Mutlosigkeit und Kummer konnten mit Musik gelindert werden wie umgekehrt Zornesanwandlungen mit Musik gedämpft werden konnten.

Zum Stundenplan gehörten ferner auch literarische Studien und Übungen. Denn in seiner *Rede an den Senat*, auf die wir noch zu sprechen kommen, empfahl Pythagoras genau dies: den Musen, die für Literatur zuständig waren, zu dienen und sie zu fördern. Obwohl wir heute nicht mehr wissen, welche Literatur auf dem Programm stand, weisen gewisse Indizien darauf hin, dass möglicherweise die (rhythmische) Lyrik die größte Rolle spielte.

Zu guter Letzt darf man annehmen, dass auch Leibesübungen nicht zu kurz kamen. Denn die Griechen waren ein sportbegeistertes Völkchen. Also können wir schlussfolgern, dass die pythagoreischen Schüler auch das Fach Sport kannten. Wahrscheinlich wurden Sport oder „Gymnastik" (das Wort „Gymnastik" hat einen griechischen Ursprung, griech.: *gymanstike techne* = Leibesübungen) aber nicht besonders intensiv betrieben, wie uns einige Zeilen in den *Goldenen Versen* lehren – ein berühmtes Gedicht, das man Pythagoras zuschrieb und auf das wir gleich zu sprechen kommen werden.

Am bedeutsamsten war die spirituelle Unterweisung.

Wir können davon ausgehen, dass schon die Anfänger in Sachen Ethik unterwiesen wurden. Jeder Pythagoreer lebte bescheiden, er entsagte dem übertriebenen Luxus, er war zu jedem freundlich und wurde gelehrt, in allen Dingen das rechte Maß zu wahren. Doch die höchsten Wahrheiten erfuhr erst der „Eingeweihte", sobald er gewisse Stufen erreicht hatte. Einfach alles lief also auf das „Geheimnis des Pythagoras" hinaus – gedulden wir uns noch einen Augenblick, bevor wir es enthüllen.

Von überragender Wichtigkeit war auf jeden Fall das Fach Ethik, wie es heute heißt. Zunächst und vor allem ging es darum, den Schüler zu hohen und höchsten ethischen Maßstäben und Verhaltensweisen zu erziehen.

Aber was verstand man eigentlich unter Ethik?

Einen Fingerzeig liefern uns die hochberühmten *Goldenen Verse*.

DIE GOLDENEN VERSE

Bei den *Goldenen Versen* des Pythagoras (auch *Goldenes Gedicht* genannt, griech.: ta chrysa epe [τὰ χρυσᾶ ἔπη], lat.: *Carmen aureum*) handelt es sich um ein Gedicht, das ursprünglich in Altgriechisch abgefasst war. Es stammt aus der Feder eines unbekannten Pythagoreers und enthält 71 Lebensregeln, Weisheiten und Ratschläge für ein glückliches und hochanständiges Leben. Forscher sind sich nicht sicher, zu welcher Zeit es entstanden ist; die Angaben schwanken zwischen dem 6. Jahrhundert v. Chr. und dem 4. Jahrhundert n. Chr. Gewisse Indizien deuten auf das 3. oder 4. Jahrhundert n. Chr., aber nichts ist gewiss. Auch der Name des Pythagoreers ist nicht überliefert, der mit diesen *Goldenen Versen* angeblich Pythagoras zitiert.

Viele Philosophen, Historiker und Gelehrte kommentierten und interpretierten später dieses Gedicht, selbst christliche Kirchenväter äußerten sich höchst wohlwollend darüber. Gönnen wir uns den Genuss und zitieren wir die ersten 16 Verse wörtlich, sodass wir einen unmittelbaren Eindruck erhalten, was der Meister predigte und anriet:

Die *Goldenen Verse* des Pythagoras
1 Ehre vor allem die unsterblichen Götter, wie das Gesetz
 es bestimmt,
2 und achte den Eid. Ehre auch die edlen Heroen
3 und die Götter der Unterwelt mit den vorgeschriebenen
 Opfern.
4 Ehre deine Eltern und deine nächsten Verwandten.
5 Von den anderen mache dir den zum Freund, welcher
 der Vortrefflichste ist.
6 Lass dich erweichen von (seinen) milden Worten und
 nützlichen Taten.
7 Entzweie dich nicht mit deinem Freund wegen eines
 kleinen Vergehens,
8 solange du kannst; …
9 Dies nun wisse und gewöhne dich, darüber Herr zu
 werden:
10 vor allem über den Bauch, über Schlaf, Geilheit
11 und Zorn. Tue niemals etwas Schändliches, weder mit
 anderen
12 noch allein; am meisten schäme dich vor dir selbst.
13. Als Nächstes: Sei gerecht in Wort und Tat
14 und gewöhne dir an, dich nie unüberlegt zu verhalten,
15 sondern erkenne, dass es allen bestimmt ist zu sterben
16 und dass Besitztum bald gewonnen, bald verloren wird.[6]
…

Wir sehen sehr rasch, dass es sich um einen Verhaltenskodex handelt, um einen hochstehenden, ethischen, religiös-philosophischen
Kodex, der ungemein viel Lebensweisheit enthält.

Fassen wir die übrigen Verse kurz zusammen: Man soll, wiederholen wir zunächst, die Götter, die Eltern und die Verwandten

in Ehren halten und Freundschaften nur sehr klug schließen, nur „mit dem Vortrefflichsten". Weiter rät Pythagoras zur Mäßigung, er warnt vor den Gefahren des Sexus und des Zornes und weist immer wieder darauf hin, dass das gesamte Körperleben nur ein vorübergehendes, vorübereilendes, flüchtiges Etwas ist, das nicht lange währt.

Wenn der Meister vor den Gefahren des Schlafes warnt, so wird damit wahrscheinlich die Untugend der Faulheit aufs Korn genommen.

Rechte Reden und rechte Taten sind von Bedeutung, auch das wird ständig wiederholt.

Überlege vor der Tat, damit sie sich nicht als töricht erweist, empfiehlt Vers 27.

Die Verse 32, 33 und 34 ermahnen:

32 Auch die Gesundheit des Körpers darfst du nicht vernachlässigen.

33 Halte Maß im Trinken, Essen und Sport.

34 Maß nenne ich, was später keinen Schmerz bringt.

Das Maßvolle wird in verschiedenen Variationen immer wieder betont, in Bezug auf unterschiedliche Themen:

37 Treibe keinen Aufwand zu unrechten Zeit wie einer, der nicht weiß, was sich ziemt.

38 Doch sei auch nicht kleinlich. Maß ist in allem das Beste.

In den weiteren *Goldenen Versen* empfiehlt Pythagoras, jeden Abend die guten und die weniger guten Taten vor seinem geistigen Auge Revue passieren zu lassen und damit ständig an der eigenen Entwicklung zu arbeiten.

40 Lass den Schlaf nicht zu deinen sanften Augen kommen,

41 ehe du jedes der Werke des Tages dreimal durchdacht hast:

42 „Worin habe ich gefehlt? Was habe ich getan? Was habe ich versäumt?"

43 Beginne beim Ersten und gehe alles durch ...

Pythagoras empfiehlt weiter, nichts zu tun, was Neid erregt und hebt ständig auf das Gute ab, das Edle, das Reine. Gerechtigkeit ist von Bedeutung genau wie Lauterkeit und Wahrheit.

Entscheidet man sich schließlich, die Regeln der *Goldenen Verse* zu beherzigen, so ist der Vorteil und Nutzen freilich hoch: Man erlangt Befreiung von den Leiden des Lebens und gelangt zu der Erkenntnis, dass man eben kein Körper ist, sondern eine Seele.

Am Schluss der 71 Verse wird das „Geheimnis des Pythagoras" enthüllt, auf das wir gleich zu sprechen kommen werden.

DIE POLITISCHE PRAXIS ODER FEUER UND TOD

Kehren wir zu den konkreten politischen Verhältnissen dieser Zeit zurück und untersuchen wir, welche praktischen Auswirkungen all dieses Denken, dieses Nachsinnen und diese theoretischen Überlegungen hatten.

Kroton, die Stadt des Pythagoras, sah sich eines Tages einer schrecklichen, blutigen Auseinandersetzung gegenüber. Konkret führte Kroton Krieg gegen Sybaris – wenn man so will eine Konkurrenzstadt.

Was war passiert?

Die Stadt Sybaris lag ebenfalls am Südzipfel Italiens. Sybaris und sein Umland waren bekannt für seine Fruchtbarkeit, die Stadt gedieh prächtig durch beste Handelsbeziehungen in die verschiedensten Himmelsrichtungen und verfügte über einige Tochterkolonien. Die Sybariten herrschten über 25 Städte und vier Völkerschaften in ihrer unmittelbaren Umgebung. Das deutet bereits auf einen gewissen Expansionsdrang hin, jedenfalls wissen wir mit unumstößlicher Gewissheit, dass die Sybariten eines Tages der Stadt des Pythagoras den Krieg erklärten.

Der unmittelbare Grund und der Auslöser: Kroton hatte sich – auf Pythagoras' Rat hin – geweigert, sybaritische Oppositionelle auszuliefern, die aus Sybaris geflohen waren, wo offenbar ein „demokratischer" Herrscher mit eiserner Faust regierte – ein „tyrannischer Demokrat", ein Begriff, den es eigentlich nicht geben dürfte. Bei den Flüchtlingen aus Sybaris handelte es sich um fünfhundert wohlhabende Bürger, die auf Veranlassung dieses sybaritischen Volksführers oder „demokratischen Tyrannen" enteignet worden waren und froh waren, mit dem nackten Leben davongekommen zu sein. Der sybaritische Tyrann verlangte nun deren Auslieferung, andernfalls würde er Kroton mit Krieg überziehen.

Pythagoras riet, die Flüchtlinge nicht auszuliefern, er leistete sich den Luxus der Ethik. Menschen, die aus welchen Gründen auch immer in Not geraten waren, musste man einfach helfen, sie auszuliefern hätte wahrscheinlich ihren sicheren Tod bedeutet.

Sybaris mit seinem Tyrannen, der den Ausdruck „Demokratie" offenbar nur als Schutzvokabel benutzte, als hübsches Mäntelchen, reagierte voller Hass und erklärte umgehend den Krieg.

Pythagoras versuchte anfangs mit allen Mitteln, diesen Krieg abzuwenden. Es wurde eine Gesandtschaft von dreißig Männern nach Sybaris geschickt, um Verhandlungen mit dem Tyrannen aufzunehmen, aber dieser ließ alle Gesandten kurzerhand ermorden. Damit war der Waffengang unumgänglich.

Offenbar wurde dieser Krieg mit großer Heftigkeit ausgetragen, die beiden Städte bekämpften sich bis aufs Messer. Der Krieg gegen

Sybaris endete schließlich mit einem vollständigen Sieg der Kroto-nianer. Damit hatte man dem Expansionsdrang der Konkurrenz-stadt einen Riegel vorgeschoben, man hatte seine Position verteidigt und die Ethik hochhalten können – die Flüchtlinge waren nicht ausgeliefert worden. Sybaris wurde im Jahre 510 v. Chr erobert.

Aber nun mussten die Krotonianer den Frieden organisieren – was ein schwierigeres Unterfangen ist, als fröhlich in den Krieg zu ziehen und dem Gegner den Schädel einzuschlagen. Konkret ging es um die Verteilung der Beute und um die politische Macht der Stadt. Innerhalb des krotonischen Stadtrates entspann sich ein mächtiger Streit. Die Aristokraten standen den Demokraten un-versöhnlich gegenüber. Noch einmal: Es ging um Besitztümer und Beute und die künftige „richtige" politische Richtung.

Der Pöbel in Kroton war trunken vom Sieg, er verlangte nach konkreter Macht und Besitz. Die Pythagoreer, die aufseiten der Aristokraten standen, wurden unversehens in die politischen Aus-einandersetzungen verstrickt. Auf einmal saßen sie zwischen allen Stühlen. Volksverführer, Demagogen, Aufwiegler und Agitatoren hetzten gegen die Aristokraten und damit gegen die Pythagoreer. Der Streit eskalierte. Einige Demagogen machten schließlich die Pythagoreer für das Übel der ganzen Welt verantwortlich. Sie schürten systematisch die Unruhen. Besonders zwei Krakeeler taten sich aufseiten der „Demokraten" oder des Pöbels hervor. Der Streit spitzte sich zu.

Dann kam es, wie es kommen musste: Die aufgewiegelten Volksmassen sahen in den Pythagoreern die Ursache für alle Fehl-entwicklungen. Es kam zu blutigen Unruhen, die darin gipfelten, dass sich ein wilder Haufen aufgeregt versammelte und geschlossen zum Haus des Pythagoras marschierte, wo sich der Meister mit sei-nen Getreuen aufhielt. Der Zorn des Pöbels war so unbändig, dass die Rotten in ihrem Hass das Haus des Pythagoras in Brand steckten und bis auf den Grund niederbrannten. Die Pythagoreer flohen, viele von ihnen wurden jedoch von dem aufgebrachten Pöbel an Ort und Stelle getötet.

Pythagoras selbst wurde einer Variante von Geschichtsschreibern zufolge gefangen genommen und unmittelbar erschlagen. Eine andere Variante berichtet, dass es ihm gelang zu entkommen; er enthielt sich vierzig Tage lang der Nahrung und hungerte sich zu Tode, „wahrscheinlich weil er fühlte, dass achtzig Jahre genug waren."[7]

Eine dritte Variante schildert hingegen einen ganz anderen Hergang und ist – laut Historikern, die wieder und wieder jedes Blatt umwendeten – die wahrscheinlichste: Pythagoras verlegte seinen Wohnsitz in eine andere Stadt, als die Unruhen zunahmen und seine Schule immer stärker unter Beschuss geriet. Er wanderte nach Metapontion aus, wo er seine Lehrtätigkeit fortsetzte. Metapontion war ebenfalls eine griechische Kolonie am Südzipfel Italiens, eine Stadt, die außerhalb der Reichweite der Krotonianer lag. Der Sage nach hatte der Erbauer des Trojanischen Pferdes die Stadt gegründet. Hier führte Pythagoras also seine Schule weiter, und wir halten dafür, diese Version als „wahr" zu akzeptieren.

In Kroton unterlagen seine Anhänger.

In Metapontion indes gelangte Pythagoras erneut zu hohem und höchstem Ansehen.

Pythagoras starb Ende des 6. Jahrhunderts, völlig friedlich, oder genauer gesagt verließ seine Seele den Körper – in seinen eigenen philosophischen Kategorien gedacht. In Metapontion wandelten Verehrer sein Haus in einen Tempel der Demeter um – eine griechische Göttin – und die Straße, in der wohnte, in ein Museum.

Welche Version auch immer die richtige ist, die Einmischung in die Tagespolitik tat den Pythagoreern nicht gut. Unumstößlich wahr ist, dass Pythagoras das Feld räumen musste – eine Formulierung, die jeder der drei möglichen geschichtlichen Varianten gerecht wird.

Seine Ideen hingegen starben nicht – im Gegenteil.

DIE UNGLAUBLICHE EXPANSION EINER SPIRITUELLEN IDEE

Die Ideen des Pythagoras traten in der Folge einen unvorstellbaren Siegeszug an. In zahlreichen griechischen Städten Unteritaliens bildeten sich pythagoreische Gemeinschaften. Auch in der nicht griechischen Bevölkerung verbreitete sich der Pythagorismus zunehmend.

Die Schüler und Anhänger des Pythagoras fuhren auch nach dem Tod des Meisters fort, seine Lehren zu verbreiten und seine Weisheiten zu zitieren. Es gab allerdings keinen offiziellen Nachfolger, keinen Schulleiter, keinen Hohepriester und keinen „Papst", der alle pythagoreischen Lehrstätten in der Folge zentral geleitet hätte. Immerhin gingen aus den Reihen der Pythagoreer einige bedeutende Staatsmänner hervor.

Als Mitte des 5. Jahrhunderts immer mehr „Demokraten" an die Macht kamen – in verschiedenen Städten Unteritaliens –, wurden die Pythagoreer teils blutig verfolgt. Man sah in ihnen noch immer die Vertreter und Verfechter der Aristokratie, obwohl der Meister selbst immer auf einen Ausgleich hingewirkt hatte. In einigen Städten flohen in den folgenden Jahrhunderten viele Pythagoreer oder wurden vertrieben und sogar getötet. Eine Zeit der politischen Wirren hielt Unteritalien in Atem, wobei das Pendel immer wieder umschlug und die Pythagoreer die Macht teils zurückeroberten. Aber schlussendlich unterlagen sie. Nur im süditalienischen Tarent bestimmten sie bis zum 4. Jahrhundert die politischen Geschicke der Stadt mit.

Dennoch wurde das pythagoreische Gedankengut stets weitergetragen, im Kreise der Gelehrten, in religiös-philosophischen Gruppierungen und in bestimmten Geheimzirkeln. Damit aber sind wir erneut bei unserem „Geheimnis des Pythagoras".

Worum also handelte es sich? Lassen wir die Katze endlich aus dem Sack.

DAS GEHEIMNIS DES PYTHAGORAS

Wir haben bislang den innersten Kern der pythagoreischen Lehre verschwiegen, ohne den unser „Freund der Weisheit", der die Philosophie erfand und praktisch alle Geheimlehren seiner Zeit erforschte, nicht zu verstehen ist.

Pythagoras glaubte nicht an die Vergänglichkeit der Seele. Er nahm an, dass der Mensch aus einem Körper *und* einer Seele bestünde. Er glaubte, dass man nicht nur einmal lebe. Das ist das wahre „Geheimnis des Pythagoras"! Der Rest – die Mathematik, die Musik, die Heilkunde, die Literatur … – war zweitrangig, ja geradezu unwichtig gegenüber der Tatsache, dass die Seele beim Tod den Körper verließ und in einem anderen Körper, einem frischen Leib, wieder Platz nahm. Die Tatsache der Reinkarnation, der Wiedergeburt oder der Palingenesie, wie das die alten Griechen nannten, der „Wieder-Entstehung" also, wie die wörtliche Übersetzung dieses Ausdrucks lautet, war dagegen von wirklicher Bedeutung.

Man stelle sich nur einen Augenblick, nur einen winzigen Moment lang vor, man würde wiedergeboren! Eine solche Realität hätte weitreichende Konsequenzen: Man könnte sich über den Tod erheben. Der Tod würde lediglich einen lächerlich kurzen Abschnitt beenden, in Wahrheit begänne mit dem Tod nur ein weiterer Abschnitt, eben ein neues Leben in einem neuen Leib. Der Tod verlöre vollständig seine Macht, er wäre denkbar unwichtig und geradezu nebensächlich.

Und so wird Pythagoras bis heute völlig missverstanden, wenn er auf den „Satz des Pythagoras" reduziert wird, der wahrlich nicht von großer Bedeutung ist – im Vergleich zu den höheren Wahrheiten und Wirklichkeiten.

Noch einmal: Das Geheimnis des Pythagoras bestand darin, dass er die Reinkarnation in den Mittelpunkt seiner Überlegungen stellte.

Pythagoras vermutete, dass sich die Seele nach dem Tod zunächst im Hades, wie die griechische Unterwelt genannt wurde, also in einem „Reich der Schatten" aufhalte, danach aber zur Erde zurückkehre. Es gebe mithin eine regelrechte „Seelenwanderung", eine ganze Reihe von aufeinanderfolgenden Leben, eine Wanderung der Seele von Leib zu Leib, von Körper zu Körper.

Pythagoras glaubte sogar, sich an seine eigenen früheren Reinkarnationen erinnern zu können. In einer früheren „Fleischwerdung", so stellte er fest, sei er eine Dirne gewesen; in einer anderen, vor seinem jetzigen Leben, habe er als der Held Euphorbos in und vor Troja gekämpft, behauptete er. Euphorbos? Dieser Held war einer der tapfersten Heroen des Trojanischen Krieges. Er kämpfte – dem Dichter Homer zufolge – ehemals auf der Seite der Trojaner gegen die Griechen. Euphorbos verwundete zunächst zwar einige griechische Helden, wurde aber im Verlaufe dieses Krieges selbst getötet, durch die Hand des griechisch-spartanischen Königs Menelaos. Das Erinnerungsvermögen des Pythagoras ging angeblich so weit, dass er sogar den Schild des Euphorbos wiedererkannte, den dieser im Trojanischen Krieg benutzt hatte.

Dieser Schild wurde in der ein paar hundert Kilometer von

Athen entfernten Stadt Argos, im Tempel der Hera, als Beutestück aufbewahrt. Und Hera war die Gemahlin des Zeus, also die mächtigste Göttin.

Als Pythagoras einmal den Tempel der Hera in Argos aufsuchte, wo eben der Schild des Euphorbos aufbewahrt wurde, als Trophäe, als Zeichen des Sieges der Griechen über die Trojaner, erkannte Pythagoras diesen Schild als seinen wieder, so die Überlieferung.

Pythagoras erinnerte sich offenbar an all diese Einzelheiten, aus einem konkreten früheren Leben. Als trojanischer Held! Er erzählte seinen Schülern vielleicht sogar Einzelheiten über Trojas Belagerung.

Pythagoras redete wieder und wieder der Reinkarnation das Wort.

Der Begründer der Philosophie glaubte außerdem, dass sich eine Seele auch in einem Tier re-inkarnieren, sprich wieder-verkörpern, könne. Als er einmal einen Hund heulen hörte, der gerade verprügelt wurde, eilte ihm Pythagoras sofort zu Hilfe. Er glaubte nämlich, in dem Wehgeschrei und Gewinsel des Hundes die Stimme eines verstorbenen Freundes wiederzuerkennen. Weiter behauptete er von sich, früher auch schon einmal ein „flutentauchender Fisch" gewesen zu sein …

DAS GEHEIMNIS ALLER GEHEIMNISSE

In diesem Zusammenhang erhebt sich eine weitere hochspannende Frage: Verfügte Pythagoras über eine Methode, eine Technik, mit deren Hilfe es gelingen konnte, sich an seine eigenen früheren Leben zu erinnern?

Graben wir ein wenig tiefer!

Wir wissen heute mit Sicherheit, dass in verschiedenen „Mysterienkulten" und „Mysterienschulen" auf die Reinkarnation verwiesen wurde. Doch wie ging die „Einweihung" vonstatten? Wie brachte man den Adepten in Kontakt mit seinen früheren Leben?

Sicherlich nicht mit ein paar Verkleidungen, indem man einem Adepten eine Tierhaut überwarf und ein paar wilde Tänze aufführen ließ. Und ganz bestimmt auch nicht mit Gesang, mit Wein, Weihrauch oder drogenähnlichen Substanzen.

Wie also ging man im Rahmen dieser Mysterienkulte vor, bei denen gewisse Äußerlichkeiten allenfalls dazu dienten, den Adepten emotional einzustimmen?

Nun, wir verfügen zumindest über einige Fingerzeige: Pythagoras sprach im Zusammenhang mit dem Geist und der Seele immer wieder von der notwendigen „Reinigung" – und zwar von der körperlichen *und* der geistigen Reinigung. Es gab Waschungen und Reinigungsrituale, aber auch Methoden, den Geist von „Sünde" zu reinigen, wie wir heute sagen würden, sich also der eigenen Vergehen bewusst zu werden und zu beschließen, auf eine höhere moralische Stufe zu gelangen. Die Selbsterforschung war mit Sicherheit ein Bestandteil der spirituellen Ausbildung.

Aber es muss sogar Methoden gegeben haben, mit der Seele selbst, dem „Göttlichen" Kontakt aufzunehmen ...; das „Göttliche" befand sich in jeder Person selbst, denn eine freie, unsterbliche Seele war in gewissem Sinne ... selbst ein „Gott". Pythagoras lehrte in den letzten Zeilen der *Goldenen Verse*:

„Wenn du den Körper verlässt und in den freien Äther gelangst, wirst du unsterblich sein; ein unsterblicher Gott, nicht mehr sterblich ..."[8]

Das war der springende Punkt!

Um sich seiner Unsterblichkeit bewusst zu werden, gab es wahr-

198

scheinlich eine Art „Innenschau", zu der man jedoch nicht sofort angeleitet wurde. Vielmehr erklomm der Adept, der Wissen suchte, Stufe um Stufe die Leiter der Erleuchtung. Zuerst gehörte er der exoterischen Gruppe an, dann wurde er in den esoterischen Zirkel eingelassen, in dem die höchste Einweihung wahrscheinlich erst nach geraumer Zeit vorgenommen wurde, genau wie in anderen Mysterienkulten. Der Adept hatte sich hochzudienen. Das war jedenfalls die höchste und letzte Erkenntnis: Stets ging es um das Wissen, dass man nicht nur einmal lebte, dass man ständig wiedergeboren wurde und dass die Seele unsterblich und man selbst damit „göttlich" war.

Und damit haben wir das „Geheimnis des Pythagoras" enträtselt.

Pythagoras vollbrachte Ungeheuerliches. Er leistete viel auf dem Gebiet der Mathematik, der Musik, der Pädagogik und der Politik. Aber seine wirkliche Leistung bestand darin, auf die Unsterblichkeit der Seele aufmerksam zu machen, er war ein spiritueller Führer.

Seine wahre Botschaft lautete: Man lebt nicht nur einmal!

Und: Deine Fähigkeiten sind unendlich, du bist gottgleich!

Das war seine wirkliche Botschaft.

PLATON

Kehren wir zurück zu unserem eigentlichen Thema. Allerdings war unser Ausflug nicht vergebens, denn nur wenn wir Pythagoras wirklich verstehen, können wir auch Christus und das Christentum begreifen.

Pythagoras war der wahre Geheimnisträger in Sachen Gnosis.

Doch in diesem Zusammenhang wird auch immer wieder Platon genannt. Platon (428–348 v. Chr.) war gemeinsam mit Sokrates vielleicht der größte griechische Philosoph, diese Meinung vertritt man jedenfalls heute an vielen Universitäten. Auch Platon glaubte – wie Pythagoras, von dem er beeinflusst wurde –, dass die Seele unsterblich und vom Körper grundsätzlich unabhängig sei. Nach ihm existierte die Seele bereits vor der Geburt. Weiter behauptete er, dass die Seele auch nach dem Tod weiterleben würde. Kurz gesagt war auch Platon ein Anhänger der Seelenwanderungslehre. Die Seele dünkte ihm unzerstörbar, der Körper sei lediglich ein „Gefäß", eine „Wohnstatt", negativ ausgedrückt ein „Grab" oder ein „Gefängnis". Die Seele besaß nach Platon die Fähigkeit, Dinge einfach zu erkennen, verfügte also über gnostische Fähigkeiten. Selbst Tiere, Pflanzen und sogar Gestirne besaßen Platon zufolge eine Seele. Tatsächlich war es eines der wichtigsten Anliegen Platons, die Unsterblichkeit der Seele zu beweisen. Dazu bediente er sich einer hochintelligenten Dialog- und Argumentationsform, die den Leser animierte, selbstständig denken zu lernen. Die Seele ist nach Platon nicht zeitlich begrenzt, sie ist unvergänglich und unsichtbar. Die Seele wird seiner Ansicht nach ständig wiedergeboren, ja, sie kann sich sogar in Kriech- und Wassertieren inkarnieren.

Bringen wir die „Seelenlehre" Platons auf den Punkt: Platon glaubte an die Reinkarnation, die im griechischen Raum im Allgemeinen mit den Vokabeln Palingenesie oder Metamorphose umschrieben wird (griech.: *palin* = wieder, *genesis* = Geburt → Wiedergeburt; griech.: *meta* = später, *morphe* = Gestalt → die spätere Gestalt).

DIE CHRISTLICHE GEHEIMLEHRE

Auch verschiedene christliche Bewegungen im 1., 2. und 3. Jahrhundert n. Chr., die später unter dem Begriff „Gnosis" eingeordnet wurden, lehrten teilweise die Wiedergeburt. So wurde beispielsweise in vielen gnostischen Gruppierungen der Fallencharakter des Körpers beschrieben, genau wie bei Platon. Der Leib sei für die Seele angeblich ein Gefängnis. Zudem behaupteten auch die christlichen Gnostiker, in jedem Menschen schlummere ein göttlicher Funke, der im Gegensatz zur körperlichen und materiellen Welt stehe. Die Seelenwanderung war demnach der Kernpunkt der christlichen Geheimlehre. Die Seele starb nicht beim körperlichen Tod, sondern wanderte in den nächsten Leib.

Es ist anzunehmen, dass die Lehre von der Seelenwanderung, die es schon bei Pythagoras und Platon gab, von Griechenland aus in verschiedene christliche Gemeinden Eingang fand. Sie wurde auch in einigen griechischen Mysterienkulten hochgehalten. Offenbar gelangte diese Vorstellung später nach Palästina und Italien und wurde von einem Teil der Vertreter des Frühchristentums einfach aufgesogen. Sie vermischte sich mit dem „Leben Jesu", wie es erzählt wurde, wobei die Auferstehung von den Toten ursprünglich einen anderen Sinn hatte: Die Seele verließ zwar den Leib, existierte aber noch immer.

Die christlichen Gnostiker bildeten jedoch nur eine Strömung. Sie mussten sich gleichzeitig vor Verfolgungen von Vertretern anderer christlicher Glaubensbrüder schützen. Also durchmischten sie ihre Erkenntnisse über die Wiedergeburt mehr und mehr mit der neuen christlichen Lehre; ganz so wie die Freimaurer später versuchten, Verfolger in die Irre zu führen, indem sie sich besonders christlich gebärdeten. Und so finden wir die Idee der Reinkarnation oder Wiedergeburt auch im frühen Christentum, besonders bei philosophisch interessierten Christen, bei Intellektuellen. Die Seele war etwas Göttliches. Sie war unsterblich. Die Religionshistorikerin Elaine Pagel drückte das so aus:

„Wir können also feststellen, dass dieser Gnostizismus mehr als eine Protestbewegung gegen das orthodoxe Christentum war. Zum Gnostizismus gehörte auch eine religiöse Perspektive, die implizit der Entwicklung einer solchen Institution, wie sie dann die frühe katholische Kirche wurde, entgegenstand. Wer selbst erwartete, ‚Christus zu werden‘, hat sehr wahrscheinlich die institutionellen Strukturen der Kirche – Bischof, Priester, Glaubensbekenntnis, Kanon oder Rituale – nicht als die Träger der höchsten Gewalt anerkannt."[9]

Pagel weist darauf hin, dass es auch Meditationstechniken, Initiationsriten und geheime Unterweisungen gegeben haben muss, um eben diese Göttlichkeit und potenzielle Unsterblichkeit am eigenen Leib zu erfahren.

Das Göttliche im Selbst sollte entdeckt werden.

Doch gab es eigentlich eine Art „Gründer" für das gnostische Gedankengut des 2. Jahrhunderts n. Chr.? Nun, es existieren zahlreiche Quellen der Gnosis, die wir zu unserer und unserer Leser Erleichterung nicht alle zitieren müssen. Es gab verschiedene gnostische Systeme, die sich zum Teil vehement widersprachen, zum Teil aber auch in eine ähnliche Richtung zielten – eben in Richtung Göttlichkeit und Unsterblichkeit.

Viele heute bekannte gnostische Texte stammen aus Nag Hammadi. Die Gnostiker verbesserten unbeschwert die Bibel, sie erfanden neue Evangelien und interpretierten die alten. Einige Autoren versuchten, das christlich-gnostische Glaubensbekenntnis auf einen gewissen Simon zurückzuführen, einen Magier, der auch „die Kraft Gottes" genannt wurde oder „der große Simon von Gittai – ein Flecken Land in Palästina.[10] Aber die nackte Wahrheit ist, dass es in dieser von Religion angefüllten Zeit *zahlreiche* Propheten, Heilige und Erleuchtete gab, die behaupteten, der „Sohn Gottes" zu sein. Propheten waren allenthalben zu haben. Auch ein gewisser Kerinthos von Ephesos wurde als Gründer der Gnosis genannt. Wieder andere bezeichneten Jesus Christus als den größten Lehrer der Gnosis. Da die meisten Gnostiker behaupteten, man könne größer sein als Jesus und dass Jesus lediglich ein Prophet unter vielen gewesen sei, stellten sie ständig die Einzigartigkeit Jesus' infrage. Sie degradierten ihn regelrecht. Sie machten aus einem Gott einen Menschen und aus sich selbst, aus dem Menschen, einen Gott.

Die Lehre von der eigenen Unsterblichkeit implizierte, dass man streng genommen keinen Erlösergott brauchte. Die Wieder-Einkörperung in einen neuen Leib bedeutete, dass die Heldentaten Jesu so besonders nicht waren. Ja, man starb, aber man wurde schließlich wiedergeboren! Was sollte man sich also verrückt machen lassen?

Man darf nie vergessen, dass der Glaube an die Wiedergeburt zahlreiche Ängste des Menschen mit einem Schlag verschwinden lässt. Wenn man unsterblich ist, was kann einem dann schon passieren? Man kann nicht mehr verlieren. Man wechselt das „Gewand" oder das „Gefäß" – wie es Platon ausdrückte – und morgen ist man schon wieder mit von der Partie.

Natürlich gab es zahlreiche Ausprägungen dieser Wiedergeburtsidee: Einige Gnostiker waren der Ansicht, man würde nicht immer und endlos zwanghaft reinkarnieren. Sie glaubten, „der Mensch [müsse] jedes Mal wieder eingekörpert werden, bis er bei allem Tun der Welt mit dabei gewesen sei. Erst wenn nichts mehr fehle, dann gehe seine Seele, nun frei, zu … Gott … So werde sie gerettet. Alle Seelen würden befreit und in keinen Körper mehr eingeschlossen."[11] Aber vorher wandere man von Körper zu Körper und trage die Schuld ab, die man während vieler Leben auf sich geladen habe. Noch einmal: Es gab zahlreiche Spielarten der Seelenwanderungsvorstellung.

Darüber hinaus wurden den Gnostikern Zaubereien und Beschwörungen nachgesagt. Angeblich konnten sie Geister herbeizitieren und vieles mehr. Doch für die Großkirche besonders fatal war es, dass sie unbeschwert die Bibel änderten, sowohl das Neue als auch das Alte Testament. Sie erfanden neue Schöpfungsgeschichten und gaben in einigen angeblich „authentischen" Erzählungen zahlreiche neue Rätsel auf.

All diese geheimnisvollen Andeutungen mögen wie gesagt falsche Fährten gewesen sein, vielleicht spiegeln sie aber auch die unterschiedlichen Auffassungen innerhalb der verschiedenen gnostischen Schulen wider. Doch der entscheidende Punkt war die eigene Göttlichkeit, die die Göttlichkeit Jesu Christi überflüssig machte, zusammen mit der Wiedergeburt oder der Seelenwanderung.

Und so haben wir endlich das wirkliche Geheimnis der Gnosis entschlüsselt: Genau wie bei Pythagoras und Platon bestand die Geheimlehre darin, dass man selbst ein Gott und unendlich mächtig werden konnte und immer wieder geboren wurde.

DIE REAKTION DER GROSSKIRCHE

Und so wundert es nicht, dass die Gnostiker mit allen Mitteln bekämpft wurden. Auf dem <u>Konzil von Nicäa</u> klopfte man die Göttlichkeit Jesu endgültig fest und schloss damit gleichzeitig Tor und Tür, was die eigene Göttlichkeit und die Wiedergeburt anging. Obwohl wir in den Akten dieses Konzils, soweit sie uns zugänglich waren, nie explizit lesen konnten, dass der Lehre von der Seelenwanderung der Garaus gemacht wurde, geschah genau dies: Weil man nur noch Jesus Christus gelten ließ und ihn zum einzigen Gott erhob, fiel der Gedanke der Reinkarnation automatisch unter den Tisch. Der Krieg begann.

DER DIEBSTAHL DER UNSTERBLICHKEIT

Der Glaube an die Seelenwanderung wurde einfach beiseitegeschoben: Die Seele konnte nicht gleichzeitig im Fegefeuer oder in der Hölle braten (oder in den Himmel kommen) und wiedergeboren werden. Mit anderen Worten: Die Unsterblichkeit der Seele wurde ersatzlos gestrichen beziehungsweise durch die Paradies- und Höllentheologie ersetzt.

Das rief kämpferische Gegenstimmen auf den Plan, die im Grunde bis heute nicht verstummt sind.

Als die erste „einheitliche" Fassung des Neuen Testaments zwangsverordnet wurde, war das Problem der unterschiedlichen Auffassungen und Theologien im Christentum damit beileibe nicht gelöst. Viele Christen gingen auf die Barrikaden. Immer wieder wurden Stimmen laut, die einen anderen „Ur-Jesus" und eine andere Lehre favorisierten. Die offizielle Kirche, die bereits über beträchtliche Macht und einkommensstarke Pfründe verfügte, konnte ihre Schäfchen aber nicht auf die falsche Weide gehen lassen. So war die Idee des Konzils überhaupt erst geboren (lat.: conciliare = beraten), um eventuelle „Irrlehren" im Keim zu ersticken. Nichts war gefährlicher für die sich formierende Kirche. Außerdem begannen sich bereits verschiedene christliche Kirchen abzuspalten und ihr eigenes Süppchen zu kochen. Das musste unter allen Umständen verhindert werden, wollte man die Zügel fest in der Hand behalten.

Das erste allgemeine Konzil, an dem die verschiedensten christlichen Kirchen und ihre Oberhäupter – oder deren Vertreter – teilnahmen, wurde wie gesagt in Nicäa abgehalten, einer kleinen, unbedeutenden Stadt in der Nähe von Konstantinopel, dem heutigen Istanbul in der Türkei.

Im Jahr 325 n. Chr. fuhren, ritten oder pilgerten rund 2000 Teilnehmer nach Nicäa. Bischöfe, geistliche Legaten, Priester und selbst der Kaiser waren zugegen, um die Lehre des Christentums festzuklopfen. Ein ungeheuerliches theologisches Spektakel fand statt, da man sich über viele Fragen uneinig war. Folgende Probleme galt es zu lösen: Kastration (= dürfen Eunuchen Priester werden?), Ehe (= durfte ein Priester mit einer Frau zusammenleben?), Zinsen (= waren Wucherzinsen rechtens oder nicht?) und manch andere hochwichtige Details wie zum Beispiel ob am Sonntag kniend oder stehend gebetet werden müsse.

Im Mittelpunkt der Diskussion stand allerdings die Frage nach dem Wesen Gottes. Die Geister schieden sich an einem einzigen Buchstaben, dem i. Nach dem Kirchenmann Arius war Christus mit dem Schöpfer nicht wesensgleich, sondern nur *wesensähnlich* (griech.: *homoi-ousios*). Die meisten Teilnehmer aber bestanden darauf, dass Christus mit dem Schöpfer oder Gottvater *wesensgleich* sei (griech.: *homo-ousios*). Der Kampf schlug turmhohe Wellen, bis die Homoousianer die Oberhand gewannen. Das i verlor den Kampf, und einige Exkommunikationen und Verbannungen klärten die Frage endgültig.

In diesem theologischen Gemetzel ging die wichtigste Frage völlig unter, nämlich die nach der Unsterblichkeit der Seele, obwohl es nicht unwahrscheinlich ist, dass auch sie gestellt wurde. Denn noch immer verlangten in diesem Punkt laute, ernstzunehmende Gegenstimmen nach einer Korrektur.

Die blinde Kirche.

REINKARNATION UND CHRISTENTUM

Bis heute haben Historiker nicht endgültig geklärt, wann die Lehre der Reinkarnation oder der Seelenwanderung sozusagen offiziell aus dem christlichen Glaubensbekenntnis gestrichen wurde. Die Herren Wissenschaftler streiten sich, wie üblich, und die Quellenlage ist erbärmlich. Einigen Gelehrten zufolge markierte das Konzil von Nicäa den Wendepunkt, andere verweisen auf ein späteres Konzil in Konstantinopel. Dass jedoch frühchristliche Theologen der Vorstellung der Reinkarnation anhingen, ist unumstritten. Der Kirchenschriftsteller Clemens von Alexandria etwa (ca. 150–215 n. Chr.) war mit Platon, ägyptischen Jenseitsvorstellungen und gnostischen Lehren vertraut. In all diesen religiös-philosophischen Schulen wurde die Reinkarnation gelehrt. (Im Jahr 1748 ließ Papst Benedikt XIV. den Namen Clemens von Alexandria nebenbei bemerkt aus dem römischen Heiligenkalender streichen – mit der Begründung, seine Lehre sei zweifelhaft.)

Clemens' Schüler, ein gewisser Origines (185–254 n. Chr.), wahrscheinlich aus Ägypten stammend, kannte die Jenseitsvorstellungen der alten Ägypter genauso wie er von Pythagoras, Platon und Plotin beeinflusst war, also ausnahmslos Denkern, die die Idee der Wiedergeburt favorisierten. Einigen Gelehrten gemäß folgte auch Clemens der Reinkarnationsidee, andere behaupten das Gegenteil. Ihrer Meinung nach habe Origines die Reinkarnation sogar ausdrücklich verdammt, was wiederum ein Indiz dafür sei, dass auch noch zu dieser Zeit in christlichen Zirkeln über die Wiedergeburt diskutiert und nachgedacht wurde. Jedenfalls verurteilte die Synode von Konstantinopel im Jahr 534 n. Chr. auch die Lehre des Origines. Er könne doch nicht so gläubig gewesen sein … Seine Lehre wurde mit folgenden Worten verdammt:

„Si quis dicit aut sentit, praeexistere hominum animas (…) demissaque esse in corpora supplicci causa: anathema sit."[12]

Auf gut Deutsch: „Wer sagt oder denkt, die Seelen der Menschen hätten präexistiert (…) und seien zur Strafe in die Körper (hinab) geschickt worden, der sei ein Verfluchter" (griech.: *anathem* = Ausschluss aus der Kirche und damit dem Himmel).

Es gibt also mehrere Gelegenheiten, an denen die Reinkarnation ganz offiziell aus dem christlichen Glaubensbekenntnis gestrichen wurde. Die Befürworter der Wiedergeburtsidee sprachen und sprechen bis heute von dem größten Skandal der Weltgeschichte und davon, dass die Menschen damit ihrer Unsterblichkeit beraubt wurden.

DIE WIEDERGEBURT DER WIEDERGEBURT

Aber der Anschlag misslang. Die Idee lebte fort, sie war nicht auszurotten – sie existiert inzwischen sogar im arabischen Raum. Zugegeben, heutzutage kennt der Islam in seiner orthodoxen Ausprägung keine Seelenwanderungslehre. Aber bei den Schiiten, der zweiten islamischen Hauptkonfession, trifft man bisweilen noch immer auf den Glauben an eine periodische Wiederkehr der Imame. Und im Sufismus kommt der Reinkarnationsgedanke ganz sicher vor. Speziell die Derwischbünde pflegen diese Vorstellung.

Auch im Rahmen der jüdischen Geheimlehre findet man die These der Reinkarnation. Womit es noch einmal aufregend wird.

DIE KABBALA

Die Lehre, der Mensch trage einen „göttlichen Funken" in sich und sei nicht identisch mit dem Körper, finden wir unter anderem auch in der Kabbala, der jüdischen Geheimlehre. Bereits einige Jahrhunderte vor Christus suchten einige Rabbis in der Bibel nach geheimen Auslegungen des WORTES. Bis heute wird allein der Name „JAWE" oder „JAHWE" manchmal nur geflüstert, weil er vorgeblich eine sagenhafte Macht enthält. Wer das hebräische Alphabet und die Namen der Engel kannte, verfügte ebenfalls über diese unnennbare Macht – glaubte man.

Im 1. nachchristlichen Jahrhundert erschien schließlich ein jüdisch-esoterisches Buch mit dem Titel *Sefer Yezira* – was „Buch der Schöpfung" bedeutet. Später wurde es fortgeschrieben: Im 9. Jahrhundert etwa entstand *Sefer-ha-Bachir*, das „Buch des Lichts". Spätestens im 13. Jahrhundert setzte sich der Begriff „Kabbala" (hebr.: *qabala* = Überlieferung) durch, wenn es um die geheimen Schriften der Juden ging.

Sie werden es bereits erraten haben: Eine der Geheimüberlieferungen der Kabbala besagte, dass man nicht nur einmal lebt. Die Präexistenz der Seele, die Wiedergeburt, die Seelenwanderung ist Bestandteil der geheimsten Überlieferungen der Juden. Man versuchte sogar, im Rahmen kabbalistischer Techniken aus dem Körper herauszutreten und mit dem All eins zu werden. Dazu galt es, eine Mauer zu durchbrechen, die „härter als ein Diamant" war.

Aber nicht nur in der Kabbala finden wir die Lehre von der Wiedergeburt und der Seele, die unabhängig von einem Körper existieren kann.

DIE LEHREN DER FREIMAURER

Natürlich ist es unmöglich, an dieser Stelle alle geheimen Lehren der Freimaurer aufzuarbeiten. Und auch die Geschichte der Freimaurerei selbst kann nicht auf wenige Seiten zusammengepresst werden. Einige Autoren behaupten, die Freimaurerei gehe auf den Isis- und Osiriskult (= Götter des alten Ägyptens) zurück, andere verweisen auf die persische Religion, wieder andere auf die Essener, eine alte jüdische Sekte, wieder andere nennen Hiram, einen Baumeister unter König Salomon, den Gründer, und wieder andere wissen von einer protestantischen Herkunft. Auch auf die Templer wird gerne verwiesen, diesen militanten Orden, der – erinnern wir uns – einst den Weg für die Pilger in das heilige Jerusalem sichern sollte, dabei unermesslich reich wurde und aufgrund dieses Reichtums von einem französischen König bestohlen und nahezu ausgerottet wurde – woraufhin die Reste der Templer angeblich nach Schottland emigrierten, wo schlussendlich die Freimaurerei aus der Taufe gehoben wurde.

Gerüchte, Gerüchte, Gerüchte, historisch hieb- und stichfest zu beweisen ist keine dieser Theorien.

Fest steht jedoch, dass die Freimaurerei, wie wir sie heute kennen, aus den Maurerkorporationen des Mittelalters hervorging. Maurer, „Architekten", Bauleute und Handwerker waren zu ihrer Zeit hochgeachtete Zeitgenossen, weil sie Kirchen und Kathedralen erschufen und um so manches mathematisch-physikalisches Geheimnis wussten, das sie bewahren mussten. Dabei existierte der Buchdruck noch nicht, und eine Niederschrift war verboten. Also sahen sich diese Maurer gezwungen, ihre Berufsgeheimnisse anderweitig festzuhalten. Maurerkorporationen entstanden, innerhalb derer sichergestellt war, dass nur (in das Bauhandwerk) eingeweihte Personen in ihre Geheimnisse Einblick erhielten. Es bildeten sich Hierarchien aus, also verschiedene Maurer-Grade, Riten, Gesetze, Aufnahmebedingungen, Geheimworte (die die Legitimation der Maurer bestätigten), Passwörter (um zum Beispiel in einem anderen Land tätig zu werden), kurz ein ganzer Geheimkult. Als Erkennungsmerkmale dienten Winkelmaß, Wasserwaage und Zirkel, aber auch andere Symbole. Die Maurer trafen sich in einer „Loge", was wörtlich übersetzt lediglich „Versammlungsort" bedeutet. Strenge Vorschriften garantierten, dass das Geheimwissen nicht weitergegeben wurde; Prüfungen für Neuankömmlinge wurden eingeführt und anderes mehr.

DER GLAUBEN INNERHALB DER FREIMAUREREI
Spätestens im 17. Jahrhundert bildeten sich zwei weitere geheime Zweige der Freimaurerei aus: einerseits die politische Freimaurerei, die hinter den Kulissen beträchtlichen Einfluss auf die Ereignisse im öffentlichen Raum nahm, und andererseits die spirituelle Freimaurerei.

Bis heute hat die Geschichtswissenschaft die politischen Einflüsse der Freimaurerei nicht wirklich aufgearbeitet. Allerdings wurde das geheim gehaltene spirituelle Wissen auch selten preisgegeben und auf den Punkt gebracht, nicht zuletzt eben weil es sorgfältig unter Verschluss gehalten wurde.

Da die Freimaurerei bis heute per definitionem ein Geheimbund ist, vermag kein Autor dieses Wissen mit letzter Sicherheit offenzulegen, das bisweilen vage mit der Gnostik in Verbindung gebracht wird. Unstrittig ist immerhin, dass man in vielen Freimaurer-Verbänden ebenfalls an die Unsterblichkeit der Seele und die Wiedergeburt glaubt. Es ist nicht auszuschließen, dass das uralte pythagoreisch-platonisch-christlich-gnostische Geheimwissen dabei Pate stand. Um es abzukürzen: Die Lehre von der Seelenwanderung findet sich bis heute in vielen Freimaurer-Gruppierungen. Dabei ist das noch nicht einmal alles.

THEOSOPHIE UND ANTHROPOSOPHIE

Bei der Theosophie (= göttliche Weisheit) bemüht man sich ebenfalls darum, Erkenntnisse zu gewinnen – über Gott, Götter und das Göttliche. Im engeren Sinne definierte besonders die Okkultistin Helena Petrovna Blavatsky (1831–1891) die Theosophie, in die sie viele Lehren indischer Religionen einbrachte – einschließlich des Glaubens an die Wiedergeburt oder der Seelenwanderung.

Als Anthroposophie (sehr frei übersetzt = Weisheit über den Menschen) bezeichnet man eine von Rudolf Steiner (1861–1925), der ursprünglich selbst Theosoph war, ins Leben gerufene Bewegung. Auch die Anthroposophie ist hochspirituell, Steiner glaubte an die Reinkarnation und die Seelenwanderung.

Und so könnte man immer weiter fortfahren. Interessanterweise wird das Wissen um die Reinkarnation und Seelenwanderung bis heute in zahlreichen Geheimzirkeln weitergegeben. Offenbar ist es nicht auszurotten.

VORLÄUFIGES FAZIT

Aber halten wir noch einmal unser eigentliches Ergebnis fest: In den ersten nachchristlichen Jahrhunderten gab es zwei große Strömungen, die sich heftig bekämpften. Auf der einen Seite standen die Vertreter der Großkirche, die Jesus und seine Göttlichkeit in den Mittelpunkt des Geschehens rückten, auf der anderen Seite standen die Gnostiker, die Philosophen und Intellektuellen, die an die Wiedergeburt glaubten und damit an die Göttlichkeit und Unvergänglichkeit der menschlichen Seele. Daraus folgt unserere endgültige Schlussfolgerung über Jesus Christus.

WAS BIS HEUTE
ÜBER JESUS CHRISTUS
VERSCHWIEGEN WIRD
(2)

Wir haben gesehen, auf welch wackeligen Beinen die Figur Jesu Christi steht, wenn wir sie kompromisslos vom historischen Standpunkt aus betrachten. Die Vernunft lässt Christus verschwinden, man mag diesen Umstand begrüßen oder nicht.

Dieser Jesus, wie er uns mehr als 2000 Jahre lang präsentiert wurde, existierte so ganz sicher nicht. Er ist eine Erfindung von Priestern; eine unglaublich geschickte Erfindung allerdings, weil sie so perfekt ist und die erfundene Figur so voller Güte und Weisheit. Wer könnte diesen Jesus Christus nicht lieben?

Diese Figur wurde von theologischen Gehirnen ausgebrütet. Es handelt sich um eine Kunstfigur, eine Romanfigur. Sie wurde im Laufe der Jahrhunderte immer wieder zurechtgestriegelt, aufgepeppt und von Anfang an mit den edelsten Eigenschaften versehen. Theologen unternahmen alles, um sie unangreifbar zu machen. Sie ist unvorstellbar vollkommen, wenn es auch logische Brüche gibt. Diese logischen Brüche treten in den apokryphen Schriften besonders deutlich zu Tage. Also mussten sie rasch ausgemerzt und beseitegeschoben werden. Ferner musste diese Figur über alles hinausgehoben werden, was es bislang gab: Immerhin galt es, einen Gott zu schaffen! Und das gelang den priesterlichen Märchenerzählern. Sie stellten mit ihrer künstlichen Christusfigur alles in den Schatten, was je ein Romanautor erfunden und zusammenfantasiert hatte.

Der Historiker jedoch erkennt sehr schnell die Quellen, aus denen diese Priester schöpften. Das komplette angebliche Leben dieses Jesus Christus beruht auf früheren Vorbildern, Märchen, Wunderberichten, Metaphern und religiös-literarischen Vorlagen.

Fassen wir noch einmal in aller Kürze zusammen:

Die Vorankündigung … finden wir auch in zahlreichen anderen Religionen. Weissagungen und Prophezeiungen sind auf allen Kontinenten in reicher Zahl zu entdecken.

Die jungfräuliche Geburt … wurde auch der Romulus-Mutter, Zarathustra, Pythagoras, Platon, Buddha und Alexander dem Großen nachgesagt. Unter anderen! Die jungfräuliche Geburt oder genauer gesagt eine göttliche Befruchtung dichtete man vielen historischen Persönlichkeiten an, sie ist nicht originell. Sie ist bloß der Versuch, eine Person grenzenlos zu erhöhen und auf ein Podest zu stellen. Sie ist ein religiös-literarischer Trick. Sie rückt eine Person weg vom „Sexus" des Normalsterblichen und erhebt sie in unerreichbare Höhen. Außerdem wurde nie auf die Verbindung der Gottesmutter Maria zur ägyptischen Religion hingewiesen. Maria, so beweisen unbestechliche historische Forschungen, war zum Teil eine gradlinige Fortsetzung der ägyptischen Göttin Isis, die man gern mit dem ägyptischen Gotteskind Horus im Arm darstellte: eine Gottesmutter mit Kind, genau wie Maria![1]

Die Taufe … gab es ebenfalls lange vor Christus. Die historischen Ereignisse rund um Johannes den Täufer wurden auf eine Weise verändert, dass sie den Großkirchen nicht schaden konnte.

In Wahrheit war Johannes der Täufer selbst ein Religionsgründer und Prophet.

Die Weisheitslehren … finden wir genauso in anderen Religionen. Die christlichen Lehren weisen erstaunliche Parallelen auf zu Geschichten, die wir aus Indien, Ägypten und Griechenland kennen, weiter standen Juden, Römer und Perser bei vielen Lehren Pate.

Die Wunder … sind in allen Religionen an der Tagesordnung. Beispielsweise finden wir viele christliche Wunder, zum Teil sogar in identischer Form, in Indien oder Ägypten.

Das letzte Abendmahl … ist lupenrein abgekupfert. Denken wir bloß an das Passahmahl bei den Juden und an Dionysos.

Die Kreuzigung … finden wir bei den Persern, den Römern und Indern. Wir kennen sie etwa von Dionysos oder Krischna.

„[Krischna] war … in einem Gefängnis zur Welt gekommen, hatte viele Wunder des Heldentums und viele Liebesabenteuer vollbracht, die Tauben und die Blinden geheilt, den Aussätzigen geholfen, die Armen verteidigt und Menschen aus dem Grabe auferstehen lassen. Er … starb, sagen manche, von einem Pfeile getroffen; andere glauben, dass er auf einem Baum gekreuzigt wurde. Er fuhr zur Hölle nieder, stieg in den Himmel auf und wird am letzten Tage zurückkehren, zu richten die Lebendigen und die Toten."[2]

Die Himmelfahrt … ist ebenfalls ein religiöser Allgemeinplatz und beispielsweise im Judaismus oder Hinduismus zu finden.

Die Wiederauferstehung … treffen wir auch lange vor dem Christentum an. Wir kennen Berichte aus dem alten Ägypten, als Götter wieder von den Toten auferstanden, aber auch aus Griechenland und anderen Kulturkreisen. „Himmelfahrten" gab es überall. Im Judaismus fuhr der Prophet Elija in einem feurigen Wagen in den Himmel, der Prophet Jesaja stieg ebenfalls in lichte Höhen auf. Auch über Moses' Himmelfahrt berichteten heilige Schriften – alles lange vor Christus.[3]

Das Letzte Gericht ... auch das ist keine Erfindung des Christentums! Das sind die Tatsachen: „Die Idee des Jüngsten Gerichts avancierte zu einem Exportschlager ... Um 2000 v. Chr. wanderte der Glaube an ein Letztes Gericht von Indien nach Persien aus. ... Von Indien, vielleicht auch über Persien, gelangte die Idee des letzten Gerichtes nach Ägypten. Denn ein reger, riesiger Räume umspannender Handel existierte bereits im Altertum zwischen den verschiedenen Kulturen. Ägypter und Perser verbreiteten die Idee eifrig weiter. Auf diese Weise erreichte sie auch die Juden, die Griechen und wahrscheinlich die Etrusker. Die Juden, aber auch persische und ägyptische Quellen, inspirierten wiederum das Christentum, das die Idee des Letzten Gerichtes freudig übernahm und als eigene Erfindung proklamierte."[4]

Nichts Neues unter der Sonne also. Das ganze Leben dieses Jesus Christus ist ein Sammelsurium vormaliger Legenden, die sich zu 99 Prozent in früheren Religionen finden. Man sieht als Historiker sehr rasch, dass hier bereits vorhandene Geschichten als Vorlage dienten.

Und die Existenz früherer und späterer Messias-Figuren offenbart, wie leicht ein „Jesus" oder ein „Messias" Gestalt annehmen konnte. Der Historiker kennt zahlreiche Heilsgestalten vor und nach Christus, die eine verdächtige Ähnlichkeit mit dem Jesus des Neuen Testaments haben. Allein diese Tatsache erschüttert die Einzigartigkeit Jesu Christi. Die Existenz vieler Erleuchteter, die als Messias gefeiert wurden, ist ein Schlag ins Gesicht seiner Einzigartigkeit. Ähnliche Gestalten gab es viele Jahrhunderte hindurch zuhauf. Erinnern wir noch einmal an Johannes den Täufer, an Mani, Buddha, Dionysos, Apollonius, David Reubeni und Sabbatai Zwi.

Darüber hinaus wurde der breiten Öffentlichkeit nie bekannt gemacht, was es mit der Glaubwürdigkeit der vier Evangelien nach Matthäus, Markus, Lukas und Johannes auf sich hat: Sie tendiert gegen null, sofern man historische Maßstäbe anlegt.

Zu nennen sind in diesem Zusammenhang auch die zahlreichen apokryphen Schriften. Erinnern wir auch noch einmal an Qumran und Nag Hammadi sowie an das Judas-Evangelium. Was nicht passte, wurde einfach beiseitegeschoben.

Als endgültiges Fazit muss man festhalten, dass kein einziger Bericht über Jesus Christus wirklich abgesichert ist, keiner hält einer historisch-kritischen Betrachtungsweise stand. Auch nicht die kanonischen, „erlaubten" Evangelien. Um noch einmal einen der bekanntesten Wissenschaftler, John Allegro, zu zitieren:

„Das Neue Testament ist jene Ansammlung vielfach überarbeiteter Traditionen, deren Beweiskraft vor einem Gericht keine zwei Minuten standhalten würde."[5]

Dieses Statement gilt erst recht für die apokryphen Evangelien, deren Namen wir nicht noch einmal alle aufzählen müssen. Auch die apokryphen Schriften verraten nicht viel mehr über diesen Jesus Christus, ja, sie stellen nur erneut klar, wie unglaubwürdig all diese Berichte sind und wie frech hier gelogen wurde.

DIE GEHEIMLEHRE DES FRÜHEN CHRISTENTUMS

Eine „wahre" Lehre des Christentums gibt es ebenso wenig wie eine „wahre" Christusfigur. Abermals begeben wir uns hier auf den schlüpfrigen Boden von tausend Meinungen.

Erlauben Sie uns eine Wiederholung: Ursprünglich standen sich die Ansichten der Großkirche und der Gnosis unvereinbar gegenüber. Die Göttlichkeit Jesu focht einen erbitterten Kampf aus mit der Göttlichkeit des Menschen, die leibliche Auferstehung Jesu stand im Gegensatz zur Lehre der Wiedergeburt.

Die Gnostiker, die ihrerseits auf einer auf Pythagoras und Platon zurückgehenden Tradition fußten, unterschieden strikt zwischen der materiellen und der spirituellen Welt. Sie unterschieden zwischen dem Körper und der Seele. Im Gegensatz zur christlichen Großkirche glaubten sie nicht, dass Jesus ein Gott sei. Ja, ihrer Meinung nach war Jesus Christus zweifellos ein großer Prophet, aber mehr auch nicht. Weitaus wichtiger war ihnen wie gesagt die Existenz zweier Welten. Die Seele verließ nach dem Tod den (materiellen) Körper. In jedem Menschen, nicht nur in Jesus Christus, schlummerte also ein göttlicher Funke. Dieser göttliche Funke, den die Inder *Atman*, die Ägypter *Ba*, die Chinesen *Chi* und die Christen *Seele* nannten, inkarnierte oder reinkarnierte nach dem Tod in einem weiteren Körper. Die Seele wanderte von einem Leib zum anderen ...

Gesichert ist, dass es im 1., 2., 3. und 4. Jahrhundert n. Chr. ein Hauen und Stechen um die „richtige" christliche Lehre gab. Die Intellektuellen/Philosophen/Gnostiker führten einen heroischen Kampf gegen die christliche Großkirche beziehungsweise deren Lehrer/Bischöfe. Sie stutzen diesen Jesus Christus zurecht, degradierten ihn und ließen ihn lediglich als Propheten gelten; sie sprachen ihm viele Wunder und manchmal selbst die körperliche Auferstehung ab und machten sich sogar über einige Wunder lustig, so suggeriert es uns jedenfalls das Judas-Evangelium. Am Ende gewann die christliche Großkirche den Kampf, zumindest in der öffentlichen Auseinandersetzung.

Aber die gnostischen Lehren waren nicht kleinzukriegen, trotz aller Unterdrückungen und Verleumdungen. Sie überlebten. Die Lehre von der Seelenwanderung konnte nicht per Dekret verboten werden. Die Lehre von der Wiedergeburt überlebte in kleineren Zirkeln, in Geheimzirkeln und Bünden von Eingeweihten, die es bis heute gibt. Ihre Vertreter konnten nie mundtot gemacht werden.

Doch was bedeutet das alles in letzter Konsequenz in Bezug auf Jesus Christus?

ENDGÜLTIGES FAZIT

Wenn wir bei Verstand sind, müssen wir im Falle der Jesus-Figur, wie sie uns 2000 Jahre lang präsentiert wurde, zunächst einmal von einer Fälschung ausgehen. Ihre Biografie ist einfach zu perfekt und zu süßlich und vor allem nie originell.

Wir persönlich neigen zu der Ansicht, dass es diesen Jesus Christus nicht gab. Aber da die ganze Welt 2000 Jahre lang von ihm redete und ihn „bezeugte", existierte er natürlich am Schluss, ganz egal ob es ihn wirklich je gab oder nicht.

Heute stimmt man allgemein darin überein, dass es einen einmaligen, unverwechselbaren Jesus Christus gab. Und da Geschichte stets nur das ist, worauf man sich einigt, gibt es heute einen Jesus Christus. Das ist allerdings nur eine Meinung, eine Annahme, hieb- und stichfeste Beweise dafür fehlen.

Wer auch immer einen historischen Jesus Christus postuliert und vorgibt zu wissen, wie er aussah, was er predigte und was ihm widerfuhr, verteidigt lediglich eine Religion oder eine christliche Großkirche – nicht die Wahrheit. Er tritt für einen Glauben ein, ficht für eine Vermutung. Der Jesus, der uns heute überall aufgetischt wird, ist eine Kunstfigur, zusammengebastelt aus verschiedenen indischen, ägyptischen, persischen, jüdischen, griechischen und römischen Vorstellungen. Zu viele Beweise stellen die Originalität des Lebens Jesu infrage, und zu viele Lügner suchten sich als „Augenzeugen" zu präsentieren.

Das Leben Jesu, wie es uns bislang verkauft wurde, ist religiöses

Seemannsgarn, zusammengesponnen aus anderen, früheren Erzählungen.

Die Geschichte rund um diesen Jesus Christus wurde so populär, weil sich heute wie gesagt 2,3 Milliarden Menschen als Christen bezeichnen. Da das Leben Jesu in zahlreichen Kulturen und Ländern zwei Jahrtausende lang immer wieder und wieder erzählt wurde, gilt es heute als real und wirklich, selbst wenn es sich so nie abgespielt hat.

Aphoristisch zugespitzt heißt das: Jesus lebt – auch wenn er nie lebte.

Jesus starb nicht am Kreuz.
Jesus starb in Srinagar,Kaschmir.

LITERATURVERZEICHNIS

Kapitel 1: Die jungfräuliche Geburt

[1] Frank Fabian: Die größten Fälschungen der Geschichte, München, 2013, S. 224

[2] Vgl. das Stichwort *Juno* in Wikipedia

[3] Vgl. verschiedene Eintragungen rund um das Stichwort *Zarathustra* im Internet sowie die Erklärungen in Wikipedia

[4] Zitiert nach: Frank Fabian: Die größten Fälschungen der Geschichte, München, 2013, S. 45–53

[5] Will Durant: Der Ferne Osten und der Aufstieg Griechenlands, München, 1981, S. 435

[6] Vgl. Konrad Dietzfelbinger: Pythagoras, Königsdorf, 2005, vgl. weiter die „Biografen" des Pythagoras

[7] Vgl. Will Durants Beschreibung, Wikipedia und zahlreiche „heilige" Bücher des Buddhismus

[8] Will Durant: Der Ferne Osten und der Aufstieg Griechenlands, München, 1981, S. 37

Kapitel 2: Johannes der Täufer

[1] Vgl. die Evangelisten Matthäus, Markus, Lukas und Johannes

[2] Vgl. das Stichwort *Mandäer*, in Wikipedia, die ihrerseits aus einer der heiligen Schriften der Mandäer zitiert

Kapitel 3: Das letzte Abendmahl

[1] Vgl. Frank Fabian: Die größten Lügen der Geschichte, München, 2009, S. 143ff

[2] Friedrich Wilhelm Hamdorf: Dionysos/Bacchus, München, 1986, S. 22

[3] Friedrich Wilhelm Hamdorf: a. a. O., S. 35

[4] Vgl. W. N. Schumacher: Hirte und guter Hirte, Freiburg, 1977

Kapitel 4: Christliche Symbole

[1–2] Will Durant: Das Vermächtnis des Ostens, Genf, ohne Jahresangabe, S. 365

[3] Will Durant: Das Vermächtnis des Ostens, a. a. O., S. 187 und S. 360f

[4] Will Durant: Das Vermächtnis des Ostens, Genf, a. a. O., S. 103
Zu Rate gezogen wurden weiter verschiedene Wikipedia-Einträge

Kapitel 5: Kanonische Evangelien

[1] Zitiert nach Katharina Ceming, Jürgen Werlitz: Die verbotenen Evangelien, Wiesbaden, 2004, S. 17

Kapitel 6: Qumran

[1] und [2] Vgl. Michael Baigent, Richard Leigh: Verschlusssache Jesus. Die Wahrheit über das frühe Christentum, München, 1991

[3] M. Baigent, R. Leigh: a. a. O., S. 76

[4] Zitiert nach M. Baigent, R. Leigh: a. a. O., S. 92. Vgl. weiter J. M. Allegro: The Sacred Mushroom and the Cross, London, 1970, sowie J. M. Allegro: The Dead Sea Scrolls, London, 1964

[5] M. Baigent, R. Leigh: a. a. O., S. 323

Kapitel 7: Apokryphe Schriften

[1] Zitiert nach Katharina Ceming, Jürgern Werlitz: Die Verbotenen Evangelien, a. a. O., S. 82

[2-6] Diese und andere Zitate nach K. Ceming: a. a. O., S. 101

[7] Gerd Lüdemann: Das Judas-Evangelium und das Evangelium nach Maria, Stuttgart, 2002, S. 118

[8] Diese und andere Zitate aus dem Maria-Evangelium wurden wiedergegeben nach Jean-Yves Leloup: Evangelium der Maria Magdalena. Die spirituellen Geheimnisse der Gefährtin Jesu, München, 2000, S. 45ff

[9-11] Theoretisch und praktisch kann man alles in diese Evangelien hineininterpretieren. Vgl. zum Beispiel Osho: Die verbotene Wahrheit, Köln, 2005. Oder lesen Sie „Das Evangelium nach Thomas", Oberstaufen, 2000. Alle Auslegungen sind möglich.

Kapitel 8: Nag Hammadi

[1-3] Zitate nach K. Ceming und E. Pagel

[4] Vgl. Wikipedia, Stichwort *Nag*

Kapitel 9: Das Judas-Evangelium

[1] Benjamin Iskariot: Das Evangelium nach Judas, Frankfurt, 2007, kommentiert von Jeffrey Archer (Der Titel der Originalausgabe lautete: Benjamin Iskariot: The Gospel According to Judas, London, 2007)

[2] Vgl. Weiter: Gerd Lüdemann: Das Judas-Evangelium und das Evangelium nach Maria, Stuttgart, 2006

[3] Elaine Pagel: Das Geheimnis des fünften Evangeliums, München, 2007, S. 175

Kapitel 10: Messias mal vier

[1] Vgl. Will Durant: Gegenreformation und Elisabethanisches Zeitalter, München, 1981, S. 109f

[2] S. M. Dubnow: History of the Jews in Russia and Poland, Philadelphia, 1916, 3 Bände, hier Bd 1, S. 205

Kapitel 11: Gnostisches Geheimwissen/Pythagoras
[1] Will Durant: Der Ferne Osten und der Aufstieg Griechenlands, München, 1981, S. 435
[2] Vgl. Konrad Dietzfelbinger: Pythagoras, Königsdorf, 2005, vgl. weiter die „Biografen" des Pythagoras
[3] Ernst Gegenschatz: Die pythagoreische Bürgschaft, hrsg. von Peter Neukam, München, 1981, S. 90–154
[4] Vgl. Iamblichos: De vita Pythagorica, hrsg. von Michael von Albrecht, Jamblich: Pythagoras. Legende – Lehre – Lebensgestaltung, Darmstadt, 2002 [griechischer Text und deutsche Übersetzung], S. 229f
Die Liebe zu Tieren, Pflanzen und anderen Lebewesen wird in vielen anderen Quellen erwähnt, etwa von Will Durant.
[5] Will Durant, a. a. O., S. 435
[6] Vgl. B. L. van der Waerden: Die Pythagoreer, Zürich, 1979, S. 15ff
[7] Zitiert nach Konrad Dietzfelbinger: a. a. O., S. 88
[8] Konrad Dietzfelbinger: a. a. O., S. 86
[9] Will Durant: a. a. O., S. 437
[10] B. L. van der Waerden: a. a. O., S. 75
[11] Konrad Dietzfelbinger: a. a. O., S. 21
[12] Vgl. Wikipedia, Stichworte *Reinkarnation, Christentum, Origines etc.*

Fazit: Was bis heute über Jesus Christus verschwiegen wird (2)
[1] Frank Fabian: Die größten Fälschungen der Geschichte, München, 2013, S. 26
[2] Will Durant: Das Vermächtnis des Ostens, Genf, ohne Jahresangabe, S. 310
[3] Vgl. zahlreiche Wikipedia-Einträge, die diese Tatsachen belegen, unter den Stichwörtern *Himmelfahrt, Auferstehung* und *Messias.*
[4] Frank Fabian: Die größten Fälschungen der Geschichte, München, 2013, S. 76
[5] Zitiert nach: Michael Baigent, Richard Leigh: Verschlusssache Jesus, München, 2006, S. 92

ZUM AUTOR

Frank Fabian, Jahrgang 1952, lebt in Florida, USA. Fabian studierte Geschichte und Philosophie in Deutschland, England und in den USA. Der in neun Ländern publizierte Bestsellerautor wurde mit vielen Preisen ausgezeichnet.

Erfolgstitel in Deutschland:
• Die Kunst des Regierens
• Sehr geehrte Frau Bundeskanzlerin
• Die größten Lügen der Geschichte
• Die größten Fälschungen der Geschichte
• Die geheim gehaltene Geschichte Deutschlands, Band 1, 2, 3
• Die Steuer-Tyrannei (Koautor)
• Die Kunst des Friedens
• Was wir aus 10.000 Jahren Geschichte lernen können
• Ohne Maulkorb (Koautor)

Website: www.frankfabian.org
Email: frankfabian11@yahoo.com